महान वैज्ञानिक महिलाएं

महान वैज्ञानिक महिलाएं

गुणाकर मुळे

राजकमल प्रकाशन

ISBN : 978-81-267-2272-3

मूल्य : ₹ 300

पहला संस्करण : 2012
दूसरा संस्करण : 2021

प्रकाशक : राजकमल प्रकाशन प्रा.लि.
1-बी, नेताजी सुभाष मार्ग, दरियागंज
नई दिल्ली-110 002

शाखाएँ : अशोक राजपथ, साइंस कॉलेज के सामने, पटना-800 006
पहली मंजिल, दरबारी बिल्डिंग, महात्मा गांधी मार्ग, प्रयागराज-211 001
36 ए, शेक्सपियर सरणी, कोलकाता-700 017

वेबसाइट : www.rajkamalprakashan.com
ई-मेल : info@rajkamalprakashan.com

मुद्रक : बी.के. ऑफसेट
नवीन शाहदरा, दिल्ली-110 032

MAHAN VAIGYANIK MAHILAYEN
by Gunakar Muley

प्राक्कथन

पुरातन काल में, जब अभी पितृसत्ता के युग का आरंभ नहीं हुआ था, नारी को सर्जनात्मक शक्ति का प्रतीक माना जाता था। इसलिए प्रकृति को भी, जिसकी सर्जनात्मक शक्ति अनंत और असीम है, नारी ही माना जाता है। मानव समाज के उन्नयन में और कई विज्ञानों की नींव रखने में नारी ने महत्त्वपूर्ण भूमिका अदा की है। प्रजनन की क्रिया में, जो निर्माण की दृष्टि से सर्वाधिक महत्त्वपूर्ण क्रिया है, उसमें नारी ने पुरुष के साथ अपने उत्तरदायित्व को निभाने में, जो क्रिया निभाई है वह अतुलनीय है। नारी में कोमल भावनाओं का बाहुल्य है, वह अधिक संवेदनशील और कल्पनाशील है। इसलिए नारी किसी भी चीज का सृजन व आविष्कार कर सकती है।

प्राचीन काल से आज तक बच्चों की परवरिश की जिम्मेदारी उसकी रही है, इसलिए शिशु रोगों के कई सारे परंपरागत उपचार उसी ने खोजे। पाक कर्म उसी के जिम्मे था। उसने न केवल तरह-तरह की खाद्य-वस्तुओं का चयन किया बल्कि वस्तुओं को सुरक्षित रखना भी सीखा।

आरंभ में मिट्टी के अनगढ़ बर्तन और टोकरियां भी उसी ने बनाई होंगी। रसायनशास्त्र की नींव नारी ने ही डाली है। आधुनिक रसायन को जन्म देनेवाले मध्ययुग के कीमियागरों की साधना नारी के सहयोग के बिना अधूरी रह जाती है। कृषि कर्म की जननी भी नारी (महिला) है।

आरंभिक ऋग्वैदिक समाज को अपनी आदिम साम्यवादी कबाइली व्यवस्था का स्मरण था, इसलिए नारी को अभी काफी

आजादी थी। ऋग्वेद में घोषा, विश्ववारा, लोपामुद्रा आदि कई ऋषिकाओं के नाम देखने को मिलते हैं। इन महिलाओं ने ऋग्वेद के अनेक सूक्तों की भी रचना की है।

मगर बाद में समाज में नारी की स्थिति बिगड़ती गई। उन्हें चारदीवारी में रहना पड़ा। उनको सम्मान मिलना कम हो गया। धीरे-धीरे ज्ञान-विज्ञान के दरवाजे एक प्रकार से बंद हो गए।

प्राचीन काल में रानियां हुईं, वीरांगनाएं हुईं, संत-कवयित्रियां हुईं। महिलाओं ने शिल्पों और तकनीकों के विकास में भी खूब योग दिया, मगर प्राचीन भारत की किसी वैज्ञानिक महिला के बारे में कहीं कोई जानकारी नहीं मिलती।

नारी के मामले में पितृसत्ता-प्रधान प्राचीन यूनानी समाज की भी यही स्थिति थी। देमोक्रितस, प्लेटो, अरस्तू, आर्किमिदीज, यूक्लिद आदि महान वैज्ञानिकों को जन्म देने वाली वैभवयुगीन यूनानी संस्कृति ने किसी भी महान महिला वैज्ञानिक को जन्म नहीं दिया। ईसा की चौथी सदी में जब यूनानी विज्ञान लगभग निष्प्राण हो चुका था, तब एक अंतिम धड़कन के रूप में हमें सिकंदरिया के यूनानी विद्या केंद्र में एक महिला वैज्ञानिक के दर्शन होते हैं। वह महिला थी हाइपेशिया–एक वैज्ञानिक पिता की पुत्री, एक गणितज्ञा, सिकंदरिया के विद्यापीठ में दर्शन की प्राध्यापिका। उसके एक जीवनीकार जोन तोलांद ने उसे 'एक अत्यंत सुंदर, अत्यंत सदाचारी और अत्यंत प्रतिभासंपन्न महिला' कहा है।

इसके बाद लगातार कई वैज्ञानिक महिलाएं हुईं जिन्हें समय-समय पर नोबेल पुरस्कार से सम्मानित किया गया। यह संसार का सबसे उच्च सम्मान-पुरस्कार होता है। अब नारी ने सिर्फ विज्ञान के क्षेत्र में नहीं, लगभग सभी क्षेत्रों में शिखर तक पहुंचकर दिखा दिया है।

नोबेल पुरस्कार प्राप्त करने वाले वैज्ञानिकों में दो बार नोबेल पुरस्कार पाने वाली मारी क्यूरी हैं। आज अनेक देशों में महिलाएं सर्वोच्च वैज्ञानिक पदों पर आसीन हैं। वे निदेशक,

प्राध्यापक और प्रयोगशालाओं में नई-नई वैज्ञानिक खोज करने में लगी हुई हैं, बिना किसी हिचक और रोक़-टोक के। आज हमारे देश में वैज्ञानिक महिलाओं का भविष्य अति उज्ज्वल है।

मेरे पति श्री गुणाकर मुळे जी ने 'संसार की महान वैज्ञानिक महिलाएं' पुस्तक लिखना शुरू की...लेकिन अकस्मात् देहांत होने के कारण उसे पूरी न कर सके। उसमें सिर्फ 6 वैज्ञानिक महिलाएं ही थीं। वह लिखना तो बहुत चाहते थे। उसकी पांडुलिपि के साथ बहुत सारे नोट्स भी उन्होंने लिये थे। उन्हीं नोट्स की मदद से मैंने इस पुस्तक में वर्णित वैज्ञानिक महिलाओं की संख्या दस कर दी है। गर्टी टेरेसा कोरी, मारिया ज्योपर्ट-मेयर और प्रो. डोरोथी क्रोफुट होजकिन के अध्याय मेरे लिखे हुए हैं। इनमें अगर कमी रह गई हो तो मुझे सूचित करेंगे। आशा है, पाठक इस पुस्तक को उपयोगी समझेंगे।

—शांति गुणाकर मुळे

'अमरावती'
सी-210, पांडव नगर
दिल्ली-110092
05-07-2011

अनुक्रम

महान वैज्ञानिक महिलाएं

हाइपेशिया

[370-415 ई.]

प्राचीन भारत में किसी वैज्ञानिक महिला के बारे में कहीं कोई जानकारी नहीं मिलती। नारी के मामले में लगभग यही स्थिति पितृसत्ता-प्रधान प्राचीन यूनानी समाज की भी थी। देमोक्रितस, अफ़लातून (प्लेटो), अरस्तू, आर्किमिदीज, यूक्लिद आदि महान वैज्ञानिकों को जन्म देनेवाली वैभव युगीन यूनानी संस्कृति ने किसी भी महिला वैज्ञानिक को पैदा नहीं किया। ईसा की चौथी सदी में जब यूनानी विज्ञान लगभग पूर्णतः निष्प्राण हो चुका था, तब एक अंतिम लौ के रूप में हमें सिकंदरिया के यूनानी विद्याकेंद्र में एक महिला वैज्ञानिक के दर्शन होते हैं। वह थी हाइपेशिया, एक वैज्ञानिक पिता की पुत्री, एक गणितज्ञा, सत्रहवीं-अठारहवीं

हाइपेशिया

सदी के उसके एक जीवनीकार जोन तोलांद के शब्दों में कहें तो, एक सर्वाधिक सुन्दर, सर्वाधिक सदाचारी...और सर्वाधिक प्रतिभासम्पन्न 'महिला।'[1]

यूनानी विज्ञान के इतिहासकार हाइपेशिया का, उसके कृतित्व का उल्लेख करना नहीं भूलते। इसलिए भी नहीं भूलते कि उसकी जीवनकथा बड़ी कारुणिक है। सिकंदरिया के ईसाइयों ने हाइपेशिया की घोर नारकीय तरीके से हत्या कर दी थी। यह 415 ई. की घटना है। हाइपेशिया की हत्या के साथ प्राचीन यूनानी ज्ञान-विज्ञान का पूर्णतः अवसान हो जाता है।

हाइपेशिया का जन्म 370 ई. के आसपास मिस्र देश के प्रख्यात नगर सिकंदरिया में हुआ था। उसके पिता, सिकंदरियावासी **थिओन**, उच्चकोटि के गणितज्ञ थे। यूनानी ज्यामितिकार यूक्लिद और ज्योतिषी तालेमी के नाम से विज्ञान के सभी विद्यार्थी परिचित हैं। यूक्लिद ने 300 ई.पू. के आसपास सिकंदरिया के प्रख्यात विद्याकेंद्र में ही अपने महान ग्रंथ 'ज्यामिति के मूल तत्त्व' की रचना की थी। ज्योतिषी तालेमी ईसा की दूसरी सदी के मध्यकाल में हुए। उन्होंने अपने प्रख्यात ज्योतिष-ग्रंथ, जिसका अरबी नाम 'अल्मजिस्ती' है, की रचना सिकंदरिया में ही की थी।[2]

हाइपेशिया के पिता थिओन ने यूक्लिद के 'मूलतत्त्व' का संपादन करके एक नया संस्करण तैयार किया था। उनके इस संस्करण की जो हस्तलिपियां उपलब्ध हैं उनके आधार पर यूक्लिद के 'मूलतत्त्व' का प्रामाणिक पाठ तैयार करने में आधुनिक विद्वानों को बड़ी मदद मिली है। इसी प्रकार, थिओन ने तालेमी के ज्योतिष-ग्रंथ का भी संपादन किया था। इसके अलावा, उन्होंने स्वयं भी कुछ ग्रंथ लिखे थे। उन्होंने षाष्ठिक भिन्नों से वर्गमूल ज्ञात करने का तरीका खोज निकाला था।

ऐसे गणितज्ञ पिता की पुत्री थी हाइपेशिया। गणित की शिक्षा उसने अपने पिता से ही प्राप्त की थी। यहां हम एक गणितज्ञ पिता की गणितज्ञा पुत्री की चर्चा कर रहे हैं, तो हमें प्रख्यात भारतीय गणितज्ञ भास्कराचार्य (1150 ई.) और उनकी 'लीलावती' का सहज स्मरण हो आता है। भास्कराचार्य ने अपनी अंकगणित की पुस्तक को 'लीलावती' नाम दिया है। पर लीलावती क्या सचमुच उनकी पुत्री का नाम था? अकबर के शासनकाल में जब फैजी ने 'लीलावती' का फारसी में अनुवाद किया, तो यह किस्सा भी गढ़ दिया कि लीलावती भास्कर की पुत्री थी। किस्से में सच्चाई भी हो

सकती है, पर लीलावती के गणित-संबंधी कृतित्व के बारे में कहीं कोई जानकारी नहीं मिलती।[3]

हाइपेशिया अपने पिता की तरह उच्चकोटि की गणितज्ञ थी। पता चलता है कि उसने सिकंदरिया के अंतिम महान गणितज्ञ डायोफैंटस की एक कृति पर टीका लिखी थी। डायोफैंटस ईसा की तीसरी सदी के उत्तरार्द्ध में हुए, यानी हाइपेशिया के जन्म के करीब सौ साल पहले। हम जानते हैं कि यूनानी गणितज्ञों ने ज्यामिति का काफी अधिक विकास कर लिया था, वे बीजगणित के सवालों को भी ज्यामितीय विधियों से ही हल करते थे। डायोफैंटस ने बीजगणितीय अध्ययन की नींव डाली, नए चिह्नों का प्रयोग किया और एक विशेष प्रकार के अनिर्धार्य समीकरणों को हल करने की विधि प्रस्तुत की। यूनानी विज्ञान-क्षेत्र में नए अनुसंधान के दिन कभी के लद चुके थे, डायोफैंटस के पहले ही टीकाओं का युग शुरू हो गया था। यही कारण है कि डायोफैंटस के मौलिक कृतित्व के महत्त्व को समझ पाना यूरोप में सोलहवीं सदी में ही संभव हो सका। ऐसे इस महान गणितज्ञ की एक कृति पर हाइपेशिया ने टीका लिखी थी।

डायोफैंटस के जीवन के बारे में हमें कोई जानकारी नहीं मिलती, पर उनके जीवन से संबंधित एक दिलचस्प सवाल गणित के इतिहास में काफी मशहूर है। डायोफैंटस की समाधि पर उत्कीर्ण यह सवाल है : हे पथिक! डायोफैंटस के जीवन का छठा भाग बचपन में गुजरा, बारहवां भाग और गुजरने पर उसकी दाढ़ी निकल आई, सातवां भाग और बीतने पर उसका विवाह हुआ, पांच साल और गुजरने पर उसके बेटा हुआ, लेकिन वह पिता की आधी आयु होने तक ही जीवित रहा, बेटे की मृत्यु के चार साल बाद पिता की भी मृत्यु हो गई। तो बताओ, डायोफैंटस कितने साल जीवित रहे? (उत्तर : 84 साल)।[4]

महान भारतीय गणितज्ञ आर्यभट (जन्म : 476 ई.) डायोफैंटस के करीब दो सौ साल बाद हुए। उनकी 'आर्यभटीय' कृति में हमें पहली बार सरल अनिर्धार्य समीकरण का हल देखने को मिलता है। फिर ब्रह्मगुप्त (626 ई.) ने अनिर्धार्य वर्ग समीकरणों का विशद विवेचन किया। उस समय बीजगणित के इस विषय को 'कुट्टक' के नाम से जाना जाता था। भारतीय गणितज्ञों ने बीजगणित का खूब विकास किया।

जानकारी मिलती है कि हाइपेशिया ने सिकंदरिया के महान गणितज्ञ एपोलोनियस (लगभग 220 ई.पू.) की एक पुस्तक पर टीका लिखी थी। एपोलोनियस ने शांक्व गणित की नींव रखी थी। यदि एक शंकु को विभिन्न प्रकार से काटा जाए तो हमें वृत्त, दीर्घवृत्त, परवलय और अतिपरवलय वक्र प्राप्त होते हैं। एपोलोनियस ने इन्हीं वक्रों का गणित प्रस्तुत किया था।[5] अफलातून का मत था कि वृत्त एक आदर्श वक्र है, कि सभी खगोलीय पिंड दरअसल वृत्तीय कक्षाओं में ही परिभ्रमण करते हैं। यह मान्यता गलत थी, परंतु करीब डेढ़ हजार साल तक इस मान्यता को चुनौती देनेवाला कोई गणितज्ञ यूरोप में पैदा नहीं हुआ, एपोलोनियस की दीर्घवृत्त, परवलय आदि वक्रों की खोज उपेक्षित पड़ी रही। इस खोज का उद्धार किया कैपलर (1572-1630) ने और सिद्ध किया कि सौर-मंडल के सभी ग्रह-उपग्रह वृत्तीय कक्षाओं में नहीं, बल्कि दीर्घवृत्तीय कक्षाओं में परिक्रमा करते हैं।

इस प्रकार हम देखते हैं कि डायोफैंटस और एपोलोनियस जैसे महान गणितज्ञों की कृतियों पर टीकाएं लिखनेवाली हाइपेशिया निश्चय ही एक प्रतिभाशाली गणितज्ञ थी। इतना ही नहीं, वह सिकंदरिया के नवप्लातोनी शिक्षा केंद्र की प्राचार्या भी थी।

चूंकि हाइपेशिया और उनके गणितज्ञ-ज्योतिषी पिता का संबंध सिकंदरिया के महान विद्याकेंद्र से था, इसलिए इसके बारे में कुछ बातें जानना उपयोगी होगा। मिस्र में इस नगर की स्थापना सिकंदर (मृत्यु : 323 ई.पू.) ने की थी। उसके एक सेनापति तालेमी-सोतेर ने मिस्र का शासन संभाला और एक नए राजवंश की स्थापना की। मिस्र की प्रख्यात रानी क्लिओपेत्रा इसी राजवंश की अंतिम शासक थी। तालेमी-सोतेर ने सिकंदरिया में एक संग्रहालय की स्थापना की।[6] लेकिन यह आज की तरह का संग्रहालय नहीं था, यह एक विद्यापीठ था, शोधसंस्थान था। यहां विद्वानों को सभी प्रकार की सुविधाएं उपलब्ध थीं, यहां एक वेधशाला थी, एक उपवन था और सबसे बड़ी बात यह थी कि यहां एक बहुत बड़ा ग्रंथागार था। पता चलता है कि ईसा पूर्व पहली सदी में सिकंदरिया के इस ग्रंथागार में पैपीरस-कागज और चर्मपटों पर लिखे गए करीब सात लाख ग्रंथों का संग्रह था। अतः यूक्लिद, आर्किमिदीज, एपोलोनियस, इराटोस्थनीज,

तालेमी, हेरोन, मेनेलौस, पाप्पुस, डायोफैंटस, थिओन और हाइपेशिया जैसे महान यूनानी वैज्ञानिकों का संबंध सिकंदरिया के इसी महान विद्याकेंद्र से था, तो इसमें हमें आश्चर्य नहीं होना चाहिए।

पता चलता है कि ज्यूलियस सीजर ने क्लिओपेत्रा के शासनकाल में जब मिस्र पर आक्रमण (45 ई.पू. में) किया था, तो उस समय सिकंदरिया के इस महान ग्रंथालय को काफी क्षति पहुंची थी। बाद में यहां के अनेक ग्रंथ रोम ले जाए गए। परंतु इस ग्रंथागार को सर्वाधिक क्षति पहुंचाई ईसाइयों ने। हाइपेशिया के समय तक रोमन सम्राटों ने ईसाई धर्म को स्वीकार कर लिया था। उस समय सिकंदरिया का आर्चबिशप थिओफिलस था। उसे देवपूजकों को यातनाएं देने में, उनके स्मारकों को नष्ट करने में बड़ा मजा आता था। पता चलता है कि उसी ने 360 ई. में सिकंदरिया के विशाल ग्रंथागार को नष्ट कर देने का आदेश दिया था; हाइपेशिया ने उस विनाशलीला को अपनी आंखों से देखा होगा। कहा जाता है कि सिकंदरिया के ग्रंथागार को अरबों ने नष्ट किया, परंतु इस कथन में सच्चाई नहीं है, क्योंकि इस्लाम के उत्थान के समय तक यह संग्रहालय लगभग नष्ट हो चुका था।

ऊपर हम बता चुके हैं कि हाइपेशिया सिकंदरिया के नवप्लातोनी शिक्षा केंद्र की प्राचार्या थी। थोओसोफी से मिलती-जुलती इस रहस्यवादी-चैतन्यवादी विचाराधारा का उदय रोमन साम्राज्य के अवसानकाल में ईसा की तीसरी सदी में हुआ था, सर्वप्रथम सिकंदरिया में। अफलातून के 'भाव' को सर्वाधिक प्रधानता देनेवाली इस विचारधारा ने विभिन्न संप्रदायों की आराधनाओं को अपने में समेट लिया था। अपने प्रभाव के कारण यह विचारधारा उदीयमान ईसाई धर्म की जबरदस्त प्रतिद्वंद्वी थी। और, ईसा की चौथी सदी के अंतिम वर्षों में हाइपेशिया इस नवप्लातोनी विचारधारा से प्रभावित सिकंदरिया के विद्याकेंद्र की अध्यक्षा थी। ईसाई तब उसे भला कैसे सहन करते। सिकंदरिया के आर्चबिशप थिओफिलस के भतीजे साइरिल ने हाइपेशिया की हत्या करने के लिए ईसाइयों को भड़काया। 415 ई. में ईसाइयों की एक भीड़ ने इस विदुषी महिला की हत्या कर डाली। अपने प्रतिद्वंद्वियों को नारकीय यातनाएं देकर जिंदा मार डालने के कई सारे तरीके ईसाइयों ने खोज लिये थे। जानकारी मिलती है कि ईसाई

साधुओं की भीड़ ने तेज धारवाली बड़ी-बड़ी सीपियों से उसके शरीर का मांस काट-काटकर उसे मार डाला। ईसाइयों ने बाद में साइरिल को एक संत घोषित कर दिया।

हाइपेशिया ने निश्चय ही अनेक योग्य शिष्य पैदा किए होंगे। इनमें सिरीने निवासी साइनेसियस नामक उसके शिष्य ने सर्वाधिक ख्याति अर्जित की। जानकारी मिलती है कि उसने एस्ट्रोलैब नामक ज्योतिष-यंत्र का आविष्कार किया था। दिलचस्प बात यह है कि हाइपेशिया का यह शिष्य एक योग्य बिशप बना। इस प्रकार शनैः-शनैः नवप्लातोनी विचारधारा अंत में ईसाई धर्म में प्रविष्ट हो गई। बाद में इस विचारधारा ने अरबी दार्शनिक-वैज्ञानिकों को भी काफी प्रभावित किया।

आधुनिक युग में अंग्रेजी व जर्मन भाषाओं में हाइपेशिया पर अनेक ग्रंथ लिखे गए हैं। वाल्तेयर ने अपने दार्शनिक विश्वकोश में हाइपेशिया के बारे में जानकारी दी है। 'ईसाई समाजवादी' अंग्रेज साहित्यकार चार्ल्स किंग्स्ले ने तो हाइपेशिया की जीवनकथा के आधार पर एक उपन्यास (1853 ई.) ही लिखा है।[7]

हाइपेशिया प्राचीन यूनानी विज्ञान की अंतिम दीप्ति थी। उसके बलिदान के साथ यूनानी विज्ञान का अवसान हो जाता है, यूरोप में स्वतंत्र चिन्तन की परंपरा लुप्तप्राय हो जाती है। 1600 ई. में एक महान वैज्ञानिक-प्रचारक की हत्या के बाद, ईसाइयों द्वारा ज्योर्दानो ब्रूनो को जिंदा जला दिए जाने के बाद, यूरोप में आधुनिक विज्ञान के युग का आरंभ होता है।

टिप्पणियां

1. वस्तुतः J. Toland की पुस्तक का ही नाम था : 'Hypatia, or the history of a most beautiful, most vertuous, most learned....lady', London, 1720.
2. तालेमी (Ptolemy या Claudius Ptolemaeus) मिस्रवासी था, पर तालेमी राजाओं से पृथक्। उसका कृतित्वकाल 139-161 ई. है। उसके ज्योतिष-ग्रंथ को यूनानी megate mathematike syntaxis (महान गणित-रचना) के नाम से जानते थे, और इसके लिए वे megiste syntaxis का भी प्रयोग करते थे। 'मजिस्ले' के पहले 'अल्' जोड़कर अरबी अनुवादकों ने इस ग्रंथ को अल्मजिस्ती (Almagest) बना दिया। तालेमी ने भूगोल के बारे में भी एक ग्रंथ की रचना की है।

'अल्मजिस्ती' की ज्यादातर ज्योतिष जानकारी तालेमी के पहले के यूनानी ज्योतिषी हिप्पार्कस (ईसा पूर्व दूसरी सदी) की खोजों पर आधारित है। इस ग्रंथ में तालेमी ने तारों की एक सारणी दी है और अपने समय के ज्योतिष यंत्रों की भी जानकरी दी है। तालेमी का ज्योतिष-सिद्धांत भूकेंद्रवादी है। यूरोप में सूर्यकेंद्रवादी सिद्धांत की स्थापना हो चुकने के बाद महाराजा सवाई जयसिंह (द्वितीय) के प्रधान ज्योतिषी जगन्नाथ (जन्म : 1652 ई.) ने अल्मजिस्ती का 'सम्राट-सिद्धांत' के नाम से संस्कृत में अनुवाद किया।

3. 'लीलावती' में बाले, बालकुरंगलोलजयने, मित्र आदि संबोधन मिलते हैं। इसलिए यह भी मत व्यक्त किया गया है कि लीलावती भास्कर की पत्नी या प्रेमिका का नाम था। भास्कर के पहले की लीलावती नामवाली कई संस्कृत कृतियां मिलती हैं।
4. डायोफैंटस (Diophantus) के जीवन की घटनाओं से संबंधित यह सवाल पूर्णतः स्पष्ट नहीं है। समीकरण बनता है :

$$x = \frac{x}{6} + \frac{x}{12} + \frac{x}{7} + 5 + \frac{x}{2} + 4$$

$x = 84$, डायोफैंटस की आयु।

यह भी पता चलता है कि डायोफैंटस ने 33 साल की आयु में विवाह किया, 38 साल की आयु में वह पिता बने, जब वह 80 साल के हुए तो उनके पुत्र की मृत्यु हुई।
5. पेरगा-निवासी एपोलोनियस (Appolonius : लगभग 220 ई.पू.) की कृति में आठ पुस्तकें थीं, जिनमें से चार यूनानी में और अरबी अनुवाद में प्राप्त हुई हैं, अंतिम पुस्तक लुप्त हो गई है। एपोलोनियस द्वारा शांकव वक्रों को दिए गए ellipse (दीर्घवृत्त), parabola (परवलय) और hyperbola (अतिपरवलय) नामों का आज भी इस्तेमाल होता है।
6. जेयूस देवता की नौ पुत्रियां म्यूजेज (Muses) कहलाती थीं, और उनका देवालय म्यूजियम (Museum), यूनानी में mouseion। कवि और गायक प्रेरणा के लिए इन देवियों का आह्वान करते थे। कालान्तर में यह 'म्यूजियम' शब्द ऐसे संग्रहालयों का द्योतक बन गया जहां कला व पुरातत्त्व की वस्तुएं संकलित की जाती हैं।
7. Charles Kingsley, 'Hypalia', लंदन, 1853.

मार्कीज़ एमिली दु शातले

[1706-1749 ई.]

अठारहवीं सदी का महान फ्रांसीसी विचारक वाल्तेयर वैज्ञानिक नहीं था, फिर भी गणित के इतिहास में उसका नाम महान न्यूटन के नाम के साथ अवश्य जुड़ता है। कारण यह है कि इंग्लैंड के बाहर यूरोप देशों में न्यूटन के सिद्धांत का सबसे ज्यादा प्रचार वाल्तेयर ने ही किया।

मगर इस काम में वाल्तेयर अकेला नहीं था। इस काम में उसे सबसे अधिक सहयोग मिला उसकी प्रेमिका मार्कीज़ एमिली दु शातले से। वाल्तेयर ने न्यूटन के सिद्धांत का दार्शनिक विवेचन किया, एमिली ने न्यूटन के महान ग्रंथ 'प्रिंसिपिया' का लैटिन से फ्रांसीसी भाषा में अनुवाद किया।

मार्कीज़ एमिली दु शातले

प्रिंसिपिया का अनुवाद करना बेहद कठिन काम था। सन् 1687 में जब यह ग्रंथ पहली बार प्रकाशित हुआ था, तब इसे समझ पाना बहुत-से वैज्ञानिकों के लिए भी संभव नहीं था। आज के गणित के अध्येता भी न्यूटन की इस महान कृति को, इसके अंग्रेजी अनुवाद को, नहीं पढ़ते।

जब भी जानकारी मिलती है कि किसी वैज्ञानिक ने भौतिक विश्व की रचना के बारे में कोई

नया सिद्धांत प्रस्तुत किया है, तो चहुंओर खलबली मच जाती है। आइंस्टाइन के आपेक्षिकता के सिद्धांत के बारे में यही हुआ, न्यूटन के गुरुत्वाकर्षण के सिद्धांत के बारे में भी यही हुआ था। न्यूटन के देशवासियों ने उन्हें, एक गणितज्ञ-वैज्ञानिक को, बिना ताज का बादशाह बना दिया। न्यूटन के सिद्धांत की समुचित व्याख्या का, इसके प्रचार-प्रसार का और इसको विकसित करने का काम किया फ्रांस के विचारकों ने, प्रमुख रूप से वाल्तेयर और मार्कीज़ एमिली दु शातले ने। देखिए बर्ट्रांड रसेल क्या लिखते हैं :

"न्यूटन की मृत्यु (1727 ई.) के बाद जब वाल्तेयर की 'दार्शनिक पत्रावली' प्रकाशित हुई, तभी उनकी लोकप्रियता चरम सीमा पर पहुंच गई। वर्तमान सदी के आरंभिक दशकों में जब आइंस्टाइन ने अपना आपेक्षिकता का सिद्धांत प्रकाशित किया तो एकाएक उनका नाम सारी दुनिया में फैल गया।"[1] लेकिन इसका अर्थ यह नहीं है कि आइंस्टाइन के सिद्धांत को समझना सभी के लिए सहज संभव है। दूसरी तरफ, यह भी सच नहीं है कि आरंभ में यूरोप के केवल एक दर्जन वैज्ञानिक ही इस सिद्धांत को समझने में समर्थ थे। सन् 1921 में मेघनाद साहा और सत्येन बोस ने मिलकर मूल जर्मन के आइंस्टाइन से प्रबंधों का अंग्रेजी में अनुवाद किया था, कलकत्ता विश्वविद्यालय ने इसे प्रकाशित किया था।

विज्ञान के आम पाठकों के लिए आपेक्षिकता के सिद्धांत को समझने में बाधक बनता है इसका अत्यंत जटिल गणितीय ढांचा। आर्थर एडिंगटन और बर्ट्रांड रसेल जैसे कुछ वैज्ञानिकों ने जब सरल ढंग से आपेक्षिकता-सिद्धांत की व्याख्या प्रस्तुत की, तभी इसकी जानकारी आम प्रबुद्ध पाठकों को प्राप्त हुई। दिलचस्प बात यह है कि आइंस्टाइन के सिद्धांत को सर्वाधिक प्रसिद्धि दिलाई एडिंगटन जैसे आंग्ल वैज्ञानिकों ने, जबकि आरंभ में जर्मनी में इसका काफी विरोध हुआ; तत्कालीन नाज़ी शासन न केवल इस सिद्धांत का, बल्कि आइंस्टाइन की जान का भी दुश्मन बन गया।

न्यूटन की प्रसिद्धि का हाल भी कुछ-कुछ आइंस्टाइन जैसा ही है। न्यूटन का लैटिन भाषा में लिखा गया प्रख्यात ग्रंथ 'प्रिंसिपिया', जिसमें उन्होंने गुरुत्वाकर्षण के सिद्धांत को और कलन-गणित को प्रस्तुत किया है। 1687 ई. में प्रकाशित हुआ।[2] निश्चय ही, उस समय इस ग्रंथ को समझ

पाना बहुत से वैज्ञानिकों के लिए भी संभव नहीं था। आज के गणित के अध्येता भी न्यूटन की इस महान कृति को, इसके अंग्रेजी अनुवाद को, नहीं पढ़ते। कॉलेजों के ग्रंथालयों में इस कृति की कोई प्रति मुश्किल से ही देखने को मिलेगी।

परंतु जब पहली बार कुछ छोटे आकार की, करीब पांच सौ पृष्ठों की, और नौ शिलिंग मूल्य की यह कृति प्रकाशित हुई थी तो इंग्लैंड में एक तहलका मच गया था। इसके पहले संस्करण की प्रतियां हाथोहाथ बिक गईं। यहां तक कि अंत में कुछ लोगों ने तिगुना-चौगुना दाम देकर इसकी प्रतियां प्राप्त कीं। और प्रति न मिलने पर कुछ लोगों ने तो इस कृति की हस्तलिपियां ही तैयार कर ली थीं।

सर्वसाधारण को भौतिक जगत् की वास्तविकताओं से, विश्व की भौतिक रचना के ज्ञान से दूर रखकर मायावादी बनाने के चाहे लाख प्रयत्न किए जाएं, गीता व बाइबल की चाहे लाखों प्रतियां मुफ्त बांटी जाएं, परंतु जब भी जानकारी मिलती है कि किसी वैज्ञानिक ने भौतिक विश्व की रचना के बारे में कोई नया सिद्धांत प्रस्तुत किया है, तो चहुंओर खलबली मच जाती है। आइंस्टाइन के सिद्धांत के बारे में भी यही हुआ, न्यूटन के गुरुत्वाकर्षण के सिद्धांत के बारे में भी यही हुआ था। न्यूटन के देशवासियों ने उन्हें, एक गणितज्ञ-वैज्ञानिक को, बिना ताज का बादशाह बना दिया। न्यूटन के सिद्धांत की समुचित व्याख्या का, इसके प्रचार-प्रसार का और इसको विकसित एवं परिष्कृत करने का काम किया प्रमुख रूप से फ्रांस के विचारकों ने, वैज्ञानिकों ने। देखिए बर्ट्रांड रसेल क्या लिखते हैं :

"न्यूटन मृत्यु के बाद ही और वह भी प्रमुखतः वाल्तेयर की 'दार्शनिक पत्रावली' के बाद न्यूटन लोकप्रिय हुए, उनकी लोकप्रियता चरम सीमा पर पहुंच गई। दरअसल, आगे की पूरी सदी में, नेपोलियन के पतनकाल तक, मुख्य रूप से फ्रांसीसियों ने ही न्यूटन के कृतित्व को संवर्धित किया है। देशाभिमान के कारण अंग्रेजी विचारक न्यूटन की विधियों के दलदल में फंस गए जबकि लाइबनिट्ज की विधियां बेहतर थीं। परिणामतः न्यूटन की मृत्यु के बाद करीब सौ साल तक इंग्लैंड में गणित के क्षेत्र में नहीं के बराबर कार्य हुआ।"[3]

वास्तविकता यह है कि 'प्रिंसिपिया' के प्रकाशन के बाद स्वयं न्यूटन रहस्यवाद के चक्कर में, कीमियागरी के प्रयोग में, उलझ गए थे और उनके देशवासी समझ बैठे थे कि गुरुत्वाकर्षण का सिद्धांत ईश्वर का अंतिम विश्व-विधान है। परिणामतः, जे. ब्रोनोवस्की के शब्दों में, "अठारहवीं सदी में न्यूटन के कृतित्व को संवर्धित किया गया फ्रांस में, न कि इंग्लैंड में। वाल्तेयर ने इस सिद्धांत को बिना ईश्वर के ही ग्रहण किया।"[4]

वाल्तेयर (1694-1778 ई.)

वाल्तेयर वैज्ञानिक नहीं था, फिर भी गणित के इतिहास में उसका नाम न्यूटन के नाम के साथ जुड़ता है, तो इसका कारण यह है कि इंग्लैंड के बाहर यूरोप के देशों में न्यूटन के सिद्धांत को प्रसिद्ध करने में सर्वाधिक योग उसी ने दिया है। लेकिन इस कार्य में वह अकेला नहीं था। इस कार्य में उसे सर्वाधिक सहयोग मिला उसकी प्रेमिका **मार्कीज़ एमिली दु शातले, एमिली दे ब्रेतेयू** से।[5] वाल्तेयर ने न्यूटन के सिद्धांत का दार्शनिक विवेचन किया। एमिली ने न्यूटन की 'प्रिंसिपिया' का लैटिन से फ्रांसीसी भाषा में अनुवाद किया।

वाल्तेयर (1694-1778) अपनी व्यंग्य रचनाओं के लिए प्रसिद्ध है। अपनी इन व्यंग्य रचनाओं के कारण उसे कई बार जेल की यातना भी भुगतनी पड़ी। 1726 में उसे इस शर्त पर बास्तील के कारावास से रिहा कर दिया गया कि वह फ्रांस छोड़कर इंग्लैंड चला जाएगा। वाल्तेयर ने 1726 से 1729 तक के तीन साल इंग्लैंड में गुजारे।

न्यूटन की मृत्यु (20 मार्च, 1727) के समय वाल्तेयर लंदन में मौजूद था। वह न्यूटन के अंतिम संस्कार में सम्मिलित हुआ था। उसने बड़े गर्व से लिखा है कि, 'कुछ अरसा मैंने एक ऐसे देश में गुजारा है जहां गणित के एक प्रोफेसर को एक प्रजाहितकारी राजा की तरह दफनाया गया है।'

कथा मशहूर है कि न्यूटन एक दिन एक सेब के पेड़ के नीचे बैठे थे, एक सेब टूटकर उनके सिर पर गिरा और उन्हें गुरुत्वाकर्षण का सिद्धांत

सूझ गया। यह किस्सा, जिसके लिए कोई प्रामाणिक सबूत नहीं है, वाल्तेयर ने ही फैलाया है। न्यूटन के जीवन के अंतिम वर्षों में उनकी देखभाल उनकी बहन की पुत्री कैथरीन बार्टोन ने की है। न्यूटन की मृत्यु के बाद वाल्तेयर इस फैशनपरस्त महिला से मिला था, और उसी से सेबवाला यह किस्सा उसे सुनने को मिला था। न्यूटन के बारे में यह भी एक मनगढ़ंत ही किस्सा है कि उसके एक पालतू कुत्ते ने उसकी मेज पर जलती मोमबत्ती गिरा दी, जिससे उनके कई सारे कागज जल गए।

वाल्तेयर ने जिस न्यूटनीय दर्शन का प्रतिपादन किया उसमें उसकी प्रेमिका एमिली, मार्कीज़ दु शातले का बहुत बड़ा हाथ है। फ्रांस में दकार्त का ईथरीय भंवरों का सिद्धांत मान्य था।[6] उस समय फ्रांस और इंग्लैंड में भौतिक जगत् की रचना को लेकर जो मतभेद थे, उन्हें वाल्तेयर ने बड़ी खूबी से स्पष्ट किया है :

"एक फ्रांसीसी के लंदन पहुंचने पर वह देखेगा कि, दूसरी सभी चीजों की तरह, दर्शन भी यहां बदल गया है। फ्रांस में वह जगत् को **'परिपूर्ण'** देखता है, यहां वह देखता है कि जगत् **'निर्वात'** है। पेरिस में वह देखता है कि विश्व ईथरीय भंवरों से व्याप्त है, लेकिन यहां उसी दिक् में अदृश्य शक्तियां काम करती हैं। दकार्त के अनुयायी दबाव के जरिए सभी घटनाओं की व्याख्या करते हैं, न्यूटन के अनुयायी आकर्षण के जरिए इसे स्पष्ट करते हैं। अंत में, पेरिस में पृथ्वी को अंडे की तरह ध्रुवक्षेत्रों में उठी हुई समझा जाता है, लेकिन यहां इसके ध्रुवक्षेत्र कुम्हड़े की तरह धंसे हुए माने जाते हैं।"[7]

वाल्तेयर तीन साल इंग्लैंड रहकर फ्रांस लौटा और अपने साथ ऐसी काफी सामग्री भी ले आया जो फ्रांसवासियों को बौखला देनेवाली थी। 1734 में उसकी 'आंग्ला पत्रावली' प्रकाशित हुई तो फ्रांस में तहलका मच गया। उसे पेरिस से भाग जाना पड़ा। इस बीच 1733 में वाल्तेयर ने एमिली, मार्कीज़ दु शातले के साथ अपने कोमल संबंध स्थापित कर लिये थे। 1734 में उसने पेरिस से पलायन किया तो वह एमिली को भी साथ ले भागा।

एमिली का जन्म एक धनाढ्य कुल में 17 दिसम्बर, 1706 को पेरिस में हुआ था। उसने अपने पिता बैरन दे ब्रेतेयू से लैटिन, ग्रीक और इतालवी

भाषाएं सीखी थीं। बाद में उसने गणित और भौतिक विज्ञान का गहन अध्ययन किया, यूक्लिद और न्यूटन का भी उसने गहन अध्ययन किया। मौपेर्त्यू (1698-1750) और कोएनिंग जैसे तत्कालीन प्रसिद्ध गणितज्ञों से उच्च गणित का ज्ञान प्राप्त किया था।[8] एमिली न केवल एक प्रतिभासम्पन्न महिला थी, वह काफी खूबसूरत भी थी।

उन्नीस साल की आयु में मार्कीज़ एमिली दु शातले-लेमों के साथ एमिली का विवाह हुआ। फिर भी वाल्तेयर को अपना सर्वस्व समर्पण करने में उसे कोई कठिनाई नहीं हुई। 1734 में वाल्तेयर को जब पेरिस से भाग जाना पड़ा, तो वह एमिली को साथ लेकर शेंपेन के निकट के सिरे स्थान के एमिली के ही एक भव्य आवास में रहने लगा। यहां दोनों ने चौदह साल गुजारे। दोनों ने मिलकर अध्ययन किया, लेखन-कार्य किया, प्यार किया और दोनों में झगड़ा भी हुआ। यहां वाल्तेयर ने अनेक ग्रंथों की रचना की, जिनमें एक है, 'न्यूटनीय दर्शन का सारतत्त्व'। विज्ञान के इतिहास के प्रख्यात लेखक चार्ल्स सिंगर ने लिखा है कि, ''वाल्तेयर के मनमोहक और सुस्पष्ट विवेचन (1737-38) के कारण ही न्यूटनीय दर्शन को वास्तविक विजय मिली, और अरस्तू के दर्शन को अंतिम रूप से दफना देना संभव हुआ।''[9]

वाल्तेयर के इस महती कार्य में उसकी प्रेमिका एमिली का बहुत बड़ा हाथ है। वाल्तेयर ने न्यूटन के सिद्धांत की व्याख्या की, तो एमिली ने न्यूटन की महान कृति 'प्रिंसिपिया' का लैटिन से फ्रांसीसी में अनुवाद किया। यह कार्य कितना जटिल था, इसका अंदाजा वे थोड़े से गणितज्ञ ही लगा सकते हैं जिन्होंने मूल या अनुवाद में 'प्रिंसिपिया' का अध्ययन किया है। एमिली द्वारा किया गया 'प्रिंसिपिया' का यह अनुवाद उसकी मृत्यु के दस साल बाद 1759 में पेरिस से प्रकाशित हुआ। एमिली ने भौतिक विज्ञान के बारे में भी एक पुस्तक लिखी है।[10]

चौदह साल साथ गुजारने के बाद वाल्तेयर और एमिली के रास्ते अलग-अलग हो गए। 1746 में वाल्तेयर पेरिस लौट आया और दरबारी जीवन में रम गया। अगले वर्ष एमिली ने भी एक अन्य व्यक्ति को अपने जीवन में जगह दी।[11] परंतु 'प्रिंसिपिया' के अनुवाद-कार्य को उसने जारी रखा।

अंत में, 43 वर्ष की आयु में, 10 सितम्बर, 1749 को एमिली की मृत्यु हुई। मृत्यु के कुछ दिन पहले ही उसने 'प्रिंसिपिया' का अनुवाद पूरा किया था।

एमिली की मृत्यु से वाल्तेयर को अपार दुख हुआ। प्रशिया के सम्राट फ्रेदेरीक महान के आमंत्रण पर वाल्तेयर 1750 में बर्लिन चला गया। कहते हैं कि फ्रेदेरीक महान को सूक्तियों का बड़ा शौक था। उसने एमिली के समाधि लेख के लिए सूक्ति सुझाई :

"यहां वह चिरनिद्रा में सो रही है जिसने एक अभागे शिशु को जन्म देने में और एक दार्शनिक कृति को प्रस्तुत करने में अपने जीवन की आहुति दी।"

यहां एक दार्शनिक कृति की प्रस्तुति का अर्थ है न्यूटन की अमर कृति 'प्रिंसिपिया' का अनुवाद-कार्य।

टिप्पणियां

1. विशिष्ट आपेक्षिकता-सिद्धांत (Special Theory of Relativity) से संबंधित आइंस्टाइन का प्रबंध सर्वप्रथम 1905 में 'आनालेन डेर फिजिक' में प्रकाशित हुआ था। बड़े-बड़े ग्रंथालयों में भी अब इस पत्रिका का 'आइंस्टाइन अंक-नं. 17' उपलब्ध नहीं है। जिस प्रकार न्यूटन की 'प्रिंसिपिया' में संदर्भ-टिप्पणियां नहीं हैं, उसी प्रकार आइंस्टाइन के इस मूल जर्मन प्रबंध में कोई संदर्भ-टिप्पणी नहीं है।

   आपेक्षिकता के व्यापक सिद्धांत (General Theory of Relativity) से संबंधित आइंस्टाइन का प्रबंध 1915 में प्रकाशित हुआ।
2. न्यूटन की इस कृति का पूरा लैटिन नाम है–Philosophiae Naturals Principia Mathematica (प्रकृति-दर्शन के गणितीय सिद्धांत)। यह ग्रंथ तीन भागों में विभक्त है। यह ग्रंथ न्यूटन के बीस से अधिक वर्षों के चिंतन का परिणाम था। अपने खगोलविद् मित्र एडमंड हाल्ले के आग्रह पर न्यूटन ने 1685-86 के दौरान इस ग्रंथ की रचना की। इंग्लैंड की रॉयल सोसायटी की ओर से पूरा ग्रंथ जुलाई 1687 में प्रकाशित हुआ।

   'प्रिंसिपिया' के प्रथम दो भागों में कलन-गणित (fluxions) के अलावा प्रमुख रूप से पिंडों की गति का विवेचन है; तीसरे भाग में गुरुत्वाकर्षण के सिद्धांत का प्रतिपादन है।
3. Bertrand Russel, 'The Scientific Outlook', London, 3rd impression 1954, p. 39.

4. J Bronowski, The Common Sense of Science, London, 1962, p. 45.
5. Émilie de Bretevil, Marquise du Châtelet.
6. रेने दकार्त (René Descartes : 1596-1650) दकार्त अक्सर अपना नाम कार्तेसियू (Cartesius) लिखते थे, इसलिए उनकी स्थापनाओं के साथ प्रायः 'कार्तेसी' विशेषण का प्रयोग होता है। दकार्त ने विश्व की योजना के बारे में एक सिद्धांत प्रतिपादित किया था। उनके इस सिद्धांत में एक रहस्यमय द्रव्य के रूप में ईथर (ether) पहली बार प्रकट होता है। दकार्त के अनुसार, इसी ईथर के दबाव के अंतर्गत और इसी की चक्रिल गतियों के जरिए खगोलीय पिंड दिक् में परस्पर व्यवस्थित रहते हैं, कि दिक् ईथर से परिपूर्णतः व्याप्त है।
7. वाल्तेयर के इस कथन को मैंने कुछ संक्षिप्त करके सरल शब्दों में प्रस्तुत किया है।
8. मौपेर्त्यू (Maupertuis) विज्ञान के इतिहास में खगोल-विज्ञान और भूमापन से संबंधित अपनी गवेषणाओं के लिए प्रसिद्ध हैं। वह कई साल तक बर्लिन अकादमी और फ्रेदेरीक महान के दरबार से संबंधित रहे। लेकिन मौपेर्त्यू भी वाल्तेयर के व्यंग्यबाणों के शिकार बने। सैम्यूयल कोएनिंग (Koening मृत्यु 1757) स्विट्जरलैंड का था, और उसने मौपेर्त्यू पर साहित्यिक चोरी का आरोप लगाया था।
9. Charles Singer, A Short History of Scientific Ideas to 1900, S.L.B.S. edition, 1965, London, p. 294.

   वाल्तेयर का न्यूटनीय दर्शन संबंधी ग्रंथ है :

   Élémens de la philosophie de Neuton, Amsterdam, 1738.
10. Institution de Physique (1740)
11. यह अन्य व्यक्ति था लोर्राईं रक्षकदल का कप्तान सेंत लांबेर (M. Saint Lambert).

सोफिया कोवालेवस्काया

[1850-1891 ई.]

घटना 1888 ई. की है। पेरिस की विज्ञान अकादमी ने कुछ साल पहले वैज्ञानिकों के हल के लिए एक समस्या प्रस्तुत की थी और इसके लिए एक पुरस्कार की भी घोषणा की थी। समस्या थी किसी ठोस पिंड का एक स्थिर बिंदु के चतुर्दिक् परिभ्रमण करने का सिद्धांत और पुरस्कार का नाम था–प्रि बोर्दी।[1]

जब किसी वैज्ञानिक की ओर से इस समस्या का कोई हल प्राप्त नहीं हुआ, तो इस बार नए सिरे से पुनः इस प्रतियोगिता की घोषणा की गई, और इसके लिए कालावधि भी निश्चित कर दी गई–1888 का ग्रीष्मान्त।

सोफिया कोवालेवस्काया

इस पुरस्कार के लिए 15 प्रबंध प्राप्त हुए। प्रतियोगिता के नियम के अनुसार इन प्रबंधों पर लेखकों के नाम नहीं लिखे गए थे। प्रत्येक प्रबंध के साथ एक सीलबंद लिफाफा था, जिसमें लेखक का नाम दर्ज था। प्रत्येक लिफाफे के ऊपर एक आदर्श-वाक्य लिखा गया था और वही आदर्श-वाक्य संलग्न प्रबंध पर भी लिखा गया था। यह व्यवस्था इसलिए थी कि प्रबंध का मूल्यांकन करते समय निर्णायक-मंडल के सदस्य यह जान न पाएं कि उसका लेखक कौन है।

अंत में, 15 प्रबंधों में से एक को सर्वोत्तम हल के रूप में चुना गया। इस प्रबंध पर और इसके साथ के सीलबंद लिफाफे पर आदर्श-वाक्य लिखा हुआ था–"आप चाहे जैसा सोचिए, चाहे जो कीजिए, चाहे जैसा निर्णय लीजिए।"

सीलबंद लिफाफा खोला गया। भीतर प्रबंध के रचयिता का नाम लिखा हुआ था–**सोफिया कोवालेवस्काया**।

प्रबंध उच्च स्तर का था, विशेष महत्त्व का था, इसलिए निर्णायक-मंडल के सुझाव पर पुरस्कार की राशि तीन हजार फ्रांक से बढ़ाकर पांच हजार फ्रांक कर दी गई। यहां यह जान लेना उपयोगी होगा कि सोफिया कोवालेवस्काया ने एक ऐसे सवाल के बारे में नए हल प्रस्तुत किए थे जिस पर उसके पहले आयलर (1707-83) और लाग्रांज (1736-1833) जैसे यूरोप के महान गणितज्ञ काम कर चुके थे।[2]

सचमुच ही बोर्दी पुरस्कार के लिए चुने गए इस सवाल का गणित और भौतिकी के क्षेत्र में बहुत बड़ा महत्त्व है। किसी ठोस पिंड की एक स्थिरबिंदु के इर्द-गिर्द की परिभ्रमण-गति को हम एक लट्टू की गति के रूप में आसानी से समझ सकते हैं। 'गाइरोस्कोप' या 'गाइरो-कंपास' के प्रयोग में भी इसी प्रकार की गति व्यक्त होती है। जहाज, हवाई जहाज, और अब अंतरिक्षयानों की यात्राओं में भी गाइरोस्कोप का बहुत बड़ा महत्त्व है।[3] दरअसल, बोर्दी पुरस्कार के लिए जो समस्या दी गई थी उसका पूर्ण हल अभी भी प्राप्त नहीं हुआ है। जो भी हो, इस समस्या के साथ सोफिया कोवालेवस्काया का नाम सदैव जुड़ा रहेगा।

उस समय सोफिया कोवालेवस्काया स्टॉकहोम विश्वविद्यालय में गणित की प्राध्यापिका थी। उस समय तक रूस की सर्वश्रेष्ठ महिला गणितज्ञ के रूप में उसकी ख्याति यूरोप भर में फैल चुकी थी। फ्रांस की विज्ञान अकादमी की ओर से लुई पाश्चर और जोजेफ बत्रा ने सोफिया को पुरस्कार-प्राप्ति की सूचना दी। सोफिया पेरिस पहुंची, और 1888 के क्रिसमस की पूर्वसंध्या को एक विशिष्ट समारोह में उसने पुरस्कार प्राप्त किया। समारोह में सम्मिलित वैज्ञानिकों को अकादमी के अध्यक्ष पियरे जांसें ने संबोधित किया : "जो पुरस्कार-सम्मान आज हम प्रदान कर रहे हैं उनमें से सर्वाधिक कठिनाई से प्राप्त किया गया एक सर्वाधिक गौरवशाली सम्मान

एक महिला को प्राप्त हुआ है। निर्णायक-मंडल के सदस्यों का मत है कि उनका कृतित्व न केवल उनके गहन-गम्भीर ज्ञान, बल्कि उनकी महान प्रतिभा का भी परिचायक है।"

गणित के क्षेत्र में इतना ऊंचा सम्मान प्राप्त करने पर और रूस की एक महान महिला गणितज्ञ के रूप से सारे यूरोप में ख्याति अर्जित कर लेने पर भी कोवालेवस्काया के लिए यह संभव नहीं था कि वह अपने देश के किसी विश्वविद्यालय में प्राध्यापिका का पद प्राप्त कर सके। सोफिया स्वदेश लौटना चाहती थी, लेकिन पिछली सदी के अंतिम दशकों में भी अभी रूस के विश्वविद्यालयों के दरवाजे महिलाओं के लिए बंद थे। सोफिया कोवालेवस्काया को पुनः स्टॉकहोम लौटना पड़ा।

सोफिया (सोंजा) का जन्म रूस के एक खानदानी परिवार में, 15 जनवरी, 1850 को, मास्को में हुआ था। पिता, वासिली क्रुकोवस्की, सुशिक्षित थे, सैनिक अफसर थे, धनाढ्य थे, इसलिए सोफिया को बचपन में किसी चीज का अभाव नहीं था। उसकी आरंभिक पढ़ाई घर पर ही हुई, निजी अध्यापकों की देखरेख में। उसकी एक बड़ी बहन थी, एक छोटा भाई था। सोफिया एक असाधारण सुन्दरी थी, उसकी बड़ी-बड़ी आंखों में अद्भुत आकर्षण था।

चौदह साल की आयु तक सोफिया ने अंकगणित, बीजगणित, ज्यामिति और ठोस ज्यामिति का अच्छा ज्ञान प्राप्त कर लिया था। साहित्य में भी उसकी गहरी रुचि थी। अंत में, जब वह सत्रह साल की हुई, तो यह तय हुआ कि सोफिया सेंट पीटर्सबर्ग (आधुनिक लेनिनग्राद) जाकर उच्च गणित का अध्ययन करेगी। लेकिन वहां विश्वविद्यालय में विज्ञान के अध्ययन के लिए छात्राओं को प्रवेश नहीं मिलता था। निजी तौर पर महिलाओं की उच्च शिक्षा के लिए जरूर कुछ शिक्षा केंद्र चलाए जा रहे थे। सोफिया ने इन्हीं में शामिल होकर उच्च गणित के अध्ययन को आगे बढ़ाया। गणित के कई प्राध्यापक सोफिया की प्रतिभा को पहचान गए थे। अकादमिशियन चेबीशेव उस समय रूस के एक चोटी के गणितज्ञ थे, सेंट पीटर्सबर्ग विश्वविद्यालय में गणित पढ़ाते थे, वे कई शैक्षणिक संस्थाओं से संबंधित थे, सोफिया को भलीभांति जानते थे, पर विश्वविद्यालय में जाकर सोफिया उनके भाषण नहीं सुन सकती थी। अंत में यह तय हुआ कि सोफिया और उसकी बड़ी बहन आन्ना उच्च अध्ययन के लिए विदेश जाएंगी।

उस समय कुछ ऐसी सामाजिक व्यवस्था थी कि जीवन में कुछ क्षेत्रों में आगे बढ़ने के लिए महिलाओं का अपने पिता के संरक्षण से मुक्त होकर 'पत्नी' बनना आवश्यक था। सोफिया ने भी ऐसा ही किया। उसने व्लादिमीर कोवालेवस्काया नामक एक तरुण से 'विवाह' कर लिया, 1868 में। लेकिन उनका वास्तविक वैवाहिक जीवन पांच साल बाद ही आरंभ हुआ।

आन्ना पेरिस चली गई ललित कलाओं का अध्ययन करने। सोफिया ने विज्ञान के अध्ययन के लिए जर्मनी के हाइडेलबर्ग विश्वविद्यालय को पसंद किया। उस समय हैल्महोल्ट्ज किरहोफ और बुन्सेन जैसे प्रख्यात वैज्ञानिक इस विश्वविद्यालय में प्राध्यापक थे। यहां भी बड़ी कठिनाई से ही सोफिया को प्रवेश मिला। इतना ही नहीं, उसने अपने आकर्षक व्यक्तित्व का इस्तेमाल करके अपनी एक सहेली युलिया लर्मेन्तोवा को भी विश्वविद्यालय में प्रवेश दिलाया।

सोफिया ने 1869-70 में हाइडेलबर्ग विश्वविद्यालय में अध्ययन किया। 1869 में वह लंदन भी गई; जॉर्ज इलियट, हर्बर्ट स्पेंसर आदि से मिली। अगले साल वह अपनी बहन से मिलने पेरिस गई।

हाइडेलबर्ग में सोफिया के गणित के एक प्राध्यापक थे कोनिग्सबर्गेर, जो बर्लिन विश्वविद्यालय के उस समय के प्रख्यात गणितज्ञ कार्ल वीयरस्ट्रास (1815-1897) के शिष्य थे। शिष्य से गुरु की प्रशंसा सुनी, तो सोफिया ने बर्लिन जाने का फैसला किया। उस समय बर्लिन विश्वविद्यालय में छात्राओं को प्रवेश नहीं मिलता था। लेकिन कोनिग्सबर्गेर की सिफारिश पर और सोफिया की प्रतिभा को पहचान कर, वीयरस्ट्रास ने एक निजी विद्यार्थी के तौर पर सोफिया की उच्च गणित की पढ़ाई की जिम्मेदारी अपने ऊपर ले ली। सोफिया 20 साल की तरुणी थी, उसने वीयरस्ट्रास को यह भी नहीं बताया कि उसका 'विवाह' हुआ है, वीयरस्ट्रास उससे उम्र में पैंतीस साल बड़े थे, और उस समय फलन-सिद्धांत के महान आचार्य के रूप में सारे यूरोप में उनकी कीर्ति फैली हुई थी। सोफिया ने 1870-74 में वीयरस्ट्रास की देखरेख में उच्च गणित क़ा गहन अध्ययन किया। दोनों में काफी गहरे कोमल संबंध भी स्थापित हुए, दोनों में काफी पत्र-व्यवहार भी चला। वीयरस्ट्रास ने सोफिया

के बारे में लिखा है कि, "उसकी जैसी क्षमता, प्रतिभा और लगनवाले मुझे बहुत कम विद्यार्थी मिले हैं।"

बर्लिन-निवास के चार साल के अध्ययन के बारे में सोफिया ने न केवल विश्वविद्यालय के गणित के पाठ्यक्रम को पूरा किया, बल्कि तीन गणितीय प्रबंध भी लिखे। ये प्रबंध आंशिक अवकल समीकरण, दीर्घवृत्तीय फलन और शनि ग्रह के वलयों की रचना से संबंधित थे। अपने पहले प्रबंध में उसने फ्रांस के महान गणितज्ञ कोशी (1789-1853 ई.) के एक समीकरण को और अधिक व्यापक बनाया। अपने दूसरे प्रबंध में उसने औबेलीय अनुकलों को विकसित किया। उसके तीसरे प्रबंध का विषय था शनि ग्रह के वलयों का स्वरूप। यह आज भी एक जीवित विषय है। हाल ही में शनि के परे के यूरेनस और नेपच्यून ग्रहों के वलयों की भी खोज हुई है। अतः इन वलयों की आरंभिक अध्येता के रूप में सोफिया कोवालेवस्काया का नाम विज्ञान के इतिहास में चिरस्मरणीय रहेगा।[4]

अंत में, सोफिया के कृतित्व के महत्त्व को पहचानकर, बिना कोई परीक्षा लिये ही, गॉटिंगेन विश्वविद्यालय ने उसे डॉक्टरेट की उपाधि प्रदान की (1874 ई.)। यूरोप के दूसरे अनेक विश्वविद्यालयों की अपेक्षा गॉटिंगेन विश्वविद्यालय अधिक उदारवादी था। प्रख्यात गणितज्ञ, आधुनिक गणितशास्त्र के संस्थापक, 'गणितज्ञों के सम्राट' कार्ल फ्रेदेरीक गौस (1777-1855) गॉटिंगेन में ही प्राध्यापक थे। **सोफिया जेर्मैन** (1776-1831) नामक गणितज्ञा को गॉटिंगेन से डॉक्टरेट की उपाधि दिलाने में गौस ने ही प्रयत्न किया था।[5] उच्च बीजगणित की प्रख्यात अध्येता **एम्मी नोएडेर** (1882-1935) इसी गॉटिंगेन विश्वविद्यालय में गणित की प्राध्यापिका थी। हरमान वाइल ने उसके जीवन की तुलना सोफिया कोवालेवस्काया के संघर्षमय जीवन से की थी।[6]

सोफिया कोबालेवस्काया स्वदेश लौटी और उसने सांस्कृतिक, साहित्यिक और शैक्षणिक गतिविधियों में सक्रिय भाग लेना शुरू कर दिया। इसी बीच उसके पिता की मृत्यु हुई और वसीयत के अनुसार उसे काफी धनराशि मिली। उसके पति का व्यवसाय घाटे में चल रहा था। पिता से प्राप्त पैसा भी जल्दी ही खत्म हो गया। कोवालेवस्काया-दंपती को कष्टों का सामना करना पड़ा। इसी बीच उनके एक पुत्री हुई।[7]

काफी कठिनाइयों को झेलते हुए भी सोफिया ने अपने गणितीय अध्ययन को जीवित रखा। 1879 में सेंट पीटर्सबर्ग में आयोजित वैज्ञानिकों के एक सम्मेलन में उसने एक प्रबंध पढ़ा, जिसकी काफी प्रशंसा हुई। पिछले करीब चार वर्षों से वीयरस्ट्रास के साथ उसने कोई पत्र-व्यवहार नहीं किया था। अब वह पुनः गणितीय गवेषणा की ओर मुड़ी, तो उसने वीयरस्ट्रास को

लिखा और अक्टूबर 1880 में उनके सान्निध्य में बर्लिन भी पहुंच गई। आगे के तीन सालों में उसने यूरोप की अनेक राजधानियों की यात्रा की। अप्रैल 1883 में जब वह पेरिस में थी तो उसे अपने पति द्वारा आत्महत्या किए जाने का समाचार मिला। सोफिया छह दिन तक कमरे में बंद रही, जब होश आया तो वह पुनः गणितीय गवेषणा में डूब गई। उसी साल वह स्वदेश लौट आई।

अब सोफिया के लिए काम-धन्धे के बारे में सोचना आवश्यक हो गया था। रूस के किसी विश्वविद्यालय में कोई पद मिलने की कोई संभावना नहीं थी। इसी बीच वीयरस्ट्रास के एक शिष्य-गणितज्ञ **मित्ताग-लेफ्फलेर** ने सोफिया को स्टॉकहोम विश्वविद्यालय में आमंत्रित किया। नवम्बर 1883 में सोफिया स्टॉकहोम पहुंची, उसका वहां बड़ा स्वागत हुआ। एक पत्र ने लिखा–"आज हम अपने नगर में किसी

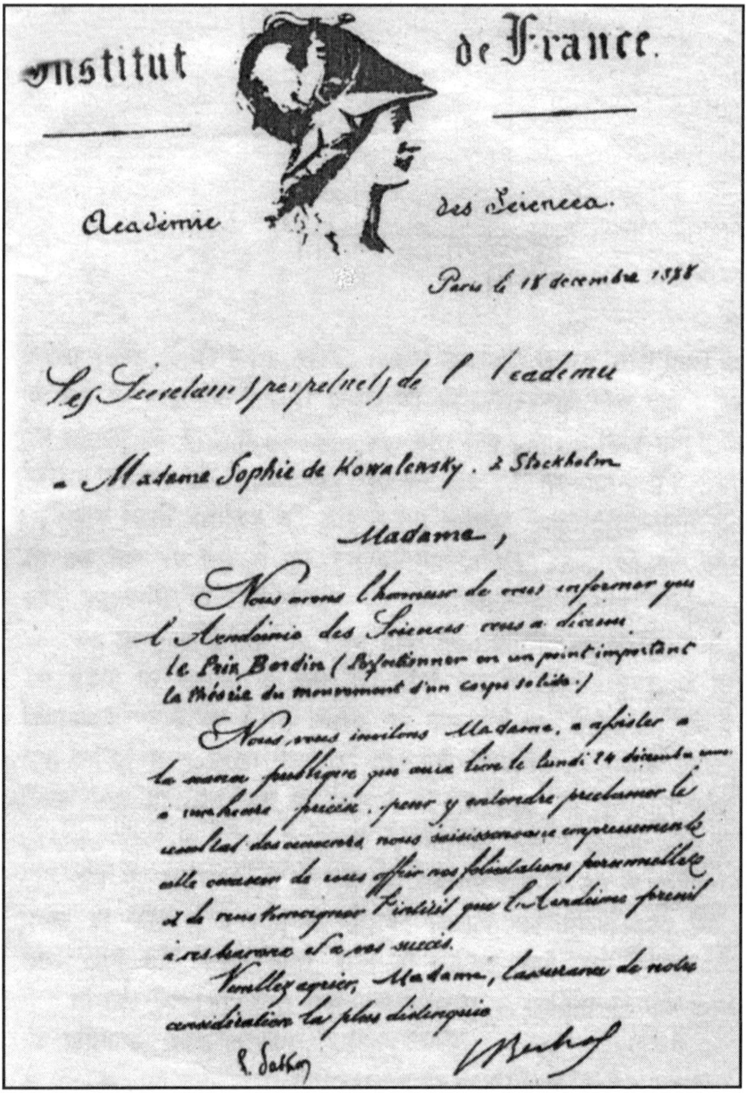

Institut de France.

Académie des Sciences.

Paris le 18 decembre 1888

Les Secrétaires perpétuels de l'Académie

à Madame Sophie de Kowalevsky, à Stockholm

Madame,

Nous avons l'honneur de vous informer que l'Académie des Sciences vous a décerné le Prix Bordin (Perfectionner en un point important la théorie du mouvement d'un corps solide.)

Nous vous invitons Madame, à assister à la séance publique qui aura lieu le lundi 24 décembre à une heure précise, pour y entendre proclamer le résultat des concours. Nous saisissons avec empressement cette occasion de vous offrir nos félicitations personnelles et de vous témoigner l'intérêt que l'Académie prend à vos travaux et à vos succès.

Veuillez agréer, Madame, l'assurance de notre considération la plus distinguée

सोफिया कोवालेवस्काया को मिले 'प्रि बोर्दी' पुरस्कार का घोषणा-पत्र

मनचले-मूर्ख राजकुमार का स्वागत नहीं कर रहे हैं। हम विज्ञान की राजकुमारी मैडम कोवालेवस्काया का स्वागत कर रहे हैं। पूरे स्वीडन में वह पहली महिला प्राध्यापिका होगी।''

आरंभ में उसे एक अवैतनिक प्राध्यापिका के रूप में पढ़ाना पड़ा, लेकिन बाद में उसकी पांच साल के लिए प्राध्यापिका के रूप में स्थायी नियुक्ति हुई। स्टॉकहोम विश्वविद्यालय में पढ़ाते समय ही उसने बोर्दी पुरस्कार के लिए अपना प्रबंध तैयार किया था। वह स्वदेश लौटने के लिए बड़ी उत्सुक थी, पर वहां उसके लिए प्राध्यापकी का कोई पद नहीं था। सोफिया को स्टॉकहोम में ही रहना पड़ा।

सोफिया न केवल एक प्रतिभाशाली गणितज्ञा थी, उसकी साहित्यिक प्रतिभा भी उच्चकोटि की थी। उसने अपनी बचपन की स्मृतियों को एक पुस्तक में प्रस्तुत किया है।

अंत में, स्टॉकहोम में न्यूमोनिया की शिकार होने के बाद, 10 फरवरी, 1891 को, केवल 41 साल की आयु में, सोफिया कोवालेवस्काया का देहांत हुआ। उस समय वह अपनी सृजन-शक्ति के शिखर पर थी।[8]

उस समय पोलैंड रूसी साम्राज्य के अंतर्गत था। अभी भी रूस में महिलाओं के लिए विश्वविद्यालयों के दरवाजे बंद थे। जिस समय सोफिया कोवालेवस्काया की मृत्यु हुई लगभग उसी समय पोलैंड की एक तरुणी, मारिया स्क्लोदोवस्का, रेल के निम्न दर्जे के एक डिब्बे में वारसा से पेरिस की यात्रा कर रही थी, सारबों विश्वविद्यालय में प्रवेश पाने के लिए। यह तरुणी बाद में **मारी क्यूरी** के नाम से संसार की महानतम महिला वैज्ञानिक के रूप में प्रसिद्ध हुई।

टिप्पणियां

1. फ्रांसीसी संस्थान (Institute de France; स्थापना 1795 ई.) के अंतर्गत पांच पुरानी अकादमियों का समावेश होता है। इसमें से एक है विज्ञान अकादमी (Académie des Sciences), जिसकी स्थापना 1666 ई. में हुई थी।

   बोर्दी (Bordin) एक फ्रांसीसी वकील था, जिसने इस संस्थान के पास एक बड़ी धनराशि जमा की थी। इसके 15000 फ्रांक के ब्याज से पांचों अकादमियों की ओर से प्रतिवर्ष पांच पुरस्कार दिए जाते थे।
2. लियोनार्ड आयलर (Leonard Euler) का जन्म स्विट्ज़रलैंड में हुआ था। अत्यधिक परिश्रम के कारण वह तरुणावस्था में ही एक आंख खो बैठे; बाद में दूसरी आंख की ज्योति भी चली गई। आयलर लंबे अरसे तक रूस व बर्लिन की विज्ञान अकादमियों से संबंधित रहे। उनका विपुल कृतित्व मुख्य रूप से वैश्लेषिक

कलन-गणित (analytic Calculus) से संबंधित है। आयलर के अनेक समीकरणों से उच्च गणित के विद्यार्थी भलीभांति परिचित हैं।

जोसेफ लुई, कांत, लाग्रांज (Joseph Louis, Cante, Lagrange), महान फ्रांसीसी गणितज्ञ, लंबे अरसे तक आयलर के उत्तराधिकारी के रूप में बर्लिन अकादमी से संबंधित रहे। पेरिस लौटने पर, नेपोलियन के सत्ता में आने पर, उन्होंने राजकीय सम्मान प्राप्त किया। उच्च विश्लेषण का यांत्रिकी और गति-विज्ञान में प्रयोग करके लाग्रांज ने इस विज्ञान को खूब विकसित किया। उनकी प्रमुख कृति है–वैश्लेषिक यांत्रिकी (Méeanique Analytique, 1788)।

आयलर और लाग्रांज, दोनों ने ही दीर्घवृत्तीय फलनों (Elliptic functions) पर महत्त्वपूर्ण कार्य किया था। सोफिया कोवालेवस्काया ने प्रस्तुत समस्या को हल करने में इन्हीं फलनों का इस्तेमाल किया था।

3. गाइरोस्कोप (Gyroscope) या गाइरो-कंपास (Gyro-compass) ऐसे उपकरण हैं जिनमें वलयों पर आधारित एक चक्र भ्रमण करते हुए दिक् में अपने अक्ष की दिशा को सुस्थिर रखता है।

4. इन तीन प्रबंधों के विषय थे :

   1. On the Theory of Partial Differential Equations.

      फ्रांस के प्रख्यात गणितज्ञ ऑगस्ती-लुई कोशी (Angustin-Louis Couchy) ने कलन-गणित को एक ठोस तार्किक आधार प्रदान किया था। उनके एक प्रमेय को कोवालेवस्काया ने और अधिक व्यापक बनाया।

   2. On the Reduction of Abelian Integrals of the Third Kind of Elliptic Integrals.

      नील्स औबेल (Niels Abel : 1802-1829) नॉर्वे के गणितज्ञ थे। केवल 27 साल जीवित रहे, पर गणित के क्षेत्र में अत्यंत महत्त्वपूर्ण और मौलिक कार्य किया। औबेलीय अवकल (Abelian integrals) उनकी जटिलता के अनुसार प्रथम, द्वितीय, तृतीय आदि कोटि के हैं। वीयरस्ट्रास ने अपने शिष्य कोनिग्सबर्गेर को द्वितीय कोटि के अवकल को सरल करने का कार्य सौंपा। सोफिया ने अधिक कठिन तृतीय कोटि के अवकल पर कार्य किया।

   3. Supplimentary Research and Observation on Laplace's Research on the form of the Saturn Ring.

      उस समय यह स्पष्ट नहीं हुआ था कि शनि के वलय का अनुप्रस्थ काट (cross-section) किस आकार का है। फ्रांस के गणितज्ञ लापलास (Laplace : 1749-1827) इस परिणाम पर पहुंचे थे कि शनि के इर्द-गिर्द कई सारे वलय हैं और इनका अनुप्रस्थ काट दीर्घवृत्ताकार है। कोवालेवस्काया के अध्ययन का निष्कर्ष था कि यह अनुप्रस्थ काट अंडाकार होना चाहिए।

      कोवालेवस्काया ने खगोलीय पिंडों की गति-सुस्थिरता का काफी व्यापक अध्ययन किया था।

5. फ्रांस की गणितज्ञा सोफी जेर्मैन (Sophie Germain) ने गौस के कृतित्व से प्रभावित होकर अपने को एक पुरुष जताते हुए उनसे पत्र-व्यवहार शुरू किया था। उसे भय था कि गौस एक महिला गणितज्ञा के पत्रों के उत्तर नहीं देंगे। बाद में यह रहस्य खुल जाने पर भी गौस ने सोफिया के साथ पत्र-व्यवहार जारी रखा। इतना ही नहीं, उन्होंने उसे गॉटिंगेन विश्वविद्यालय से डॉक्टरेट दिलाने का भी प्रयत्न किया। सोफिया जेर्मैन ने ध्वनि-विज्ञान, लोच सिद्धांत और उच्च अंकगणित के क्षेत्र में महत्त्वपूर्ण कार्य किया है। उसे पेरिस की विज्ञान अकादमी का नेपोलियन पुरस्कार भी प्राप्त हुआ था।
6. एम्मी नोएडेर (Emmy Noether) ने आधुनिक उच्च बीजगणित के क्षेत्र में महती कार्य किया। वह जर्मनी में एक यहूदी परिवार में पैदा हुई थी, इसलिए नाज़ी प्रचारकों ने उसे जर्मनी से खदेड़ दिया; उसे अमरीका में शरण लेनी पड़ी। हरमान वाइल (Hermann Weyl 1885-1955) भी गॉटिंगेन में प्राध्यापक रह चुके थे। 1933 में वह प्रिंसटन पहुंचे, आइंस्टान के सहयोगी बने।
7. कोवालेवस्काया की पुत्री फुफा (Fufa) का जन्म 1878 में हुआ था, और मृत्यु 1952 में।
8. जुलाई, 1991 में नई दिल्ली से प्रसारित टी.वी. के राष्ट्रीय कार्यक्रम में सोफिया कोवालेवस्काया के जीवन पर एक फिल्म दिखाई गई, जो स्वीडेन में तैयार हुई थी।

मारी क्यूरी

[1867-1934 ई.]

न्यूटन को संसार का सबसे बड़ा वैज्ञानिक समझा जाता है। परंतु अपने जीवन को लगभग अमानवीय बनाकर ही यह गौरव उन्होंने प्राप्त किया है। न्यूटन आजन्म अविवाहित रहे, कभी किसी महिला से उन्होंने प्यार नहीं किया, उन्हें खेल-कूद में रुचि नहीं थी, पशु-पक्षियों और प्रकृति के सौंदर्य में उन्हें कोई आकर्षण नहीं था, सामाजिक समस्याओं में उन्हें कोई दिलचस्पी नहीं थी, उन्हें कोई आर्थिक कठिनाई नहीं हुई, अपने जीवन में वह शायद ही कभी दिल खोलकर हंसे होंगे। न्यूटन एक सामाजिक प्राणी नहीं थे, वह मात्र एक यांत्रिक महामस्तिष्क थे।[1]

मारी स्क्लोदोवस्का-क्यूरी

मारी क्यूरी को सच ही संसार की सबसे बड़ी महिला वैज्ञानिक समझा जाता है। वह एकमात्र वैज्ञानिक है जिसने दो बार विज्ञान का नोबेल पुरस्कार प्राप्त किया। विज्ञान के अध्ययन के लिए उसने अपार कष्ट झेले। एक वैज्ञानिक से

विवाह किया, एक ऐसे वैज्ञानिक से जिसकी विवाह के पूर्व यह राय थी कि ''बहुत कम महिलाएं प्रतिभासम्पन्न होती हैं और एक औसत महिला एक प्रतिभाशाली वैज्ञानिक के जीवन में निश्चय ही बाधक बनती है।'' खोज-कार्य करते हुए उसने दो पुत्रियों का पालन-पोषण किया; उसकी एक पुत्री ने भी एक महान वैज्ञानिक से विवाह किया, विज्ञान का नोबेल पुरस्कार प्राप्त किया। मारी क्यूरी ने प्रथम महायुद्ध के दौरान अपाहिजों की सेवा-सुश्रुषा की, वैज्ञानिक संस्थान स्थापित किए। तरुणावस्था में मारी को खेल-कूद का शौक था, नाचने का शौक था, प्रकृति से प्यार था। मारी क्यूरी मात्र एक शुष्क वैज्ञानिक नहीं थी, उसका संघर्षमय जीवन सामाजिक समस्याओं से जुड़ा हुआ था।

मारी क्यूरी का संपूर्ण जीवन एक कारुणिक महागाथा है। उसका जन्म पोलैंड के वारसा नगर में 7 नवंबर, 1867 में हुआ, अध्यापक माता-पिता के एक आभावग्रस्थ परिवार में। उस समय पोलैंड पराधीन था, उस पर रूस के ज़ार का शासन था। विदेशी शासन ने पोलैंड के स्कूल-कॉलेजों में रूसी माध्यम को अनिवार्य बना दिया था। इस नीति का विरोध करने के कारण मारिया स्क्लोदोवस्का—यही मारी क्यूरी का बचपन का नाम था[2]—के पिता की पदावनति कर दी गई, इसलिए अपने पांच बच्चों का भरण-पोषण वह बड़ी मुश्किल से ही कर पाते थे। मां एक निजी स्कूल चलाती थी, लेकिन तपेदिक का शिकार होकर वह भी चल बसी। मारिया तब ग्यारह साल की थी।

मारी, पियरे क्यूरी और बेटी ईरेन

मारिया तेज बुद्धि बालिका थी, पढ़ने का उसे बड़ा शौक था। पिता से उसने फ्रांसीसी और रूसी भाषाएं सीखीं और मैट्रिक की परीक्षा में

उसने स्वर्णपदक प्राप्त किया, अपनी बड़ी बहन ब्रोनिया और भाई जोजियो की तरह।

अब आगे की पढ़ाई की समस्या उपस्थित हुई। पिता ने बेटी से पूछा–"आगे क्या करना चाहती हो?" मारिया का उत्तर था–"मैं आगे की पढ़ाई के लिए पेरिस जाना चाहती हूं, चिकित्साशास्त्र पढ़ना चाहती हूं। वहां छात्राओं को विश्वविद्यालय में प्रवेश मिलता है।"

"प्यारी बिटिया, मैं तुम्हारी इच्छा को समझता हूं। परंतु ब्रोनिया ने भी यही इच्छा जाहिर की है। और, मेरी आर्थिक दशा यह है कि मैं दोनों की पढ़ाई के लिए तो दूर रहा, एक की पढ़ाई के लिए भी पैसे नहीं जुटा सकता।"

"ठीक है, ब्रोनिया ही जाएगी। मैं यहां रहकर कोई काम पकड़ूंगी और उसे मदद करूंगी। जब वह डॉक्टर हो जाएगी, तो फिर वह मेरी मदद करेगी।" मारिया ने दृढ़तापूर्वक उत्तर दिया।

ब्रोनिया पेरिस के लिए रवाना हुई। मारिया ने एक साल के लिए एक धनी रूसी परिवार में मास्टरानी का काम किया। वेतन कम था, ऊपर से

मालकिन का स्वभाव भी बड़ा अक्खड़ था। मारिया ने दूसरे परिवार में काम पकड़ा। यहां परिवार के बड़े पुत्र के साथ मारिया का प्रेम-संबंध स्थापित हुआ, उसके प्रेमी ने विवाह का प्रस्ताव भी रखा, पर परिवार की मालकिन ने एक मास्टरानी के साथ अपने बेटे का विवाह करने से इनकार कर दिया। मारिया का दिल टूट गया। वह घर लौट आई, एक निजी भूमिगत कॉलेज में विज्ञान की प्राध्यापिका बन गई।

फिर वह दिन भी आया जब ब्रोनिया के बुलाने पर वह, तेईस साल की उम्र में, 1891 में पेरिस के लिए रवाना हुई। वहां पहुंचकर उसने सारबों विश्वविद्यालय में नाम लिखाया, मारी स्क्लोदोवस्का। हालांकि अपनी बहन के घर पर उसे आराम था, पर उसने अलग कमरा लेकर रहना ही बेहतर समझा।

कमरा क्या था, छठी मंजिल पर एक अटारी, जिसमें पर्याप्त रोशनी और हवा भी नहीं पहुंचती थी। पानी नीचे से ले जाना पड़ता था। कड़ाके की ठंडी के दिनों में मेरी कभी-कदा ही कोयले के लिए पैसे जुटा पाती थी। खुद भोजन तैयार करती थी। आमतौर पर उसका भोजन होता था–पावरोटी, मक्खन और चाय। पढ़ाई के लिए वह सार्वजनिक पुस्तकालयों में जाती थी। और अपने निर्वाह के लिए कॉलेज की प्रयोगशाला की बोतलें भी साफ करती थी।

ये सब कठिनाइयां मेरी ने खुशी-खुशी झेलीं। अंत में 1893 में उसने भौतिकी में उपाधि प्राप्त की, प्रथम स्थान प्राप्त किया। अगले वर्ष उसने गणित में उपाधि अर्जित की और दूसरा स्थान प्राप्त किया। आगे उसने विज्ञान में खोज-कार्य करने का निश्चय किया। इसके साथ ही उसके जीवन का एक नया दौर शुरू हुआ।

मारी ने इस्पात के चुंबकीय गुणधर्मों पर अपना खोज-कार्य शुरू कर दिया। इसी दौरान विज्ञान के एक तरुण प्राध्यापक पियरे क्यूरी से उसकी मुलाकात हुई।[3] मारी को देखकर, उसे पहचानकर, पियरे को महिलाओं के बारे में अपनी राय बदलने में अधिक देर नहीं लगी। पियरे पेरिस के एक म्यूनिसिपल स्कूल में विज्ञान के प्राध्यापक थे। जुलाई 1895 में पियरे और मारी का विवाह हुआ। एक सादे, सरल आवास में उनका मितव्ययी जीवन आरंभ हुआ, एक वैज्ञानिक दंपती का क्रांतिकारी जीवन।

विज्ञान के क्षेत्र में, विशेषतः भौतिकी के क्षेत्र में, भी यह क्रांतिकारी आविष्कारों का आरंभकाल था। उन्नीसवीं सदी के अंतिम दशक में अनेक विचारक सोचने लग गए थे कि विज्ञान के क्षेत्र में किसी महान खोज के लिए अब कोई गुंजाइश नहीं रह गई है। मान लिया गया था कि परमाणु अर्थात् 'एटम', इसके मूल शाब्दिक अर्थ के अनुरूप, निश्चय ही अखंडनीय है।

तभी, जनवरी 1896 में जर्मन वैज्ञानिक रोंटगेन ने एक्स-किरणों के आविष्कारों की घोषणा की।[4] एक्स-किरणें—ठोस पिंडों को भेदनेवाली किरणें, मानव के अस्थि-पंजर को प्रकट करनेवाली किरणें, कांच में दीप्ति पैदा करनेवाली किरणें। प्रख्यात गणितज्ञ पोंकारे[5] ने सवाल उठाया—'क्या दीप्तिशील पदार्थों से भी इसी प्रकार की किरणें पैदा होती हैं?' पेरिस के एक वैज्ञानिक हेनरी बेकेरेल[6] खोज में जुट गए। यह मालूम था कि कुछ ऐसे दीप्तिशील खनिज हैं जिन्हें धूप में रखने के बाद फिर अंधेरे में रखा जाए तो वे चमकने लगते हैं। क्या यह चमक एक्स-किरणों के कारण है? बेकेरेल को यही पता लगाना था।

इसी खोज के दौरान, संयोगवश, एक अद्‌भुत चीज प्रकट हुई। बेकेरेल ने देखा कि सूर्य-प्रकाश के प्रभाव के बिना ही यूरेनियम के एक खनिज की आकृति उसके नीचे रखी हुई फोटो-प्लेट पर अंकित हो गई है, पूर्ण अंधेरे के बावजूद। बेकेरेल ने और भी कई यूरेनियम लवणों को लेकर इस प्रकार के प्रयोग किए और वह इस निष्कर्ष पर पहुंचे कि केवल यूरेनियम के खनिजों से ही और वह भी उन खनिजों में यूरेनियम की मात्रा के अनुपात में, फोटो-प्लेट पर छायांकन होता है। और आगे यूरेनियम के एक प्रमुख खनिज, पिचब्लेंडे को लेकर प्रयोग किया, तो पता चला कि इसमें छायांकन की शक्ति बहुत अधिक है। वह निष्कर्ष पर पहुंचे : "इस खनिज में फोटो-प्लेट को प्रभावित करनेवाले यूरेनियम से भी अधिक शक्तिशाली अन्य कोई तत्त्व अवश्य होना चाहिए।"

अब यहां से आगे मारी और पियरे क्यूरी के अथक परिश्रम का खोज-कार्य आरंभ होता है। बेकेरेल मारी क्यूरी को जानते थे, उसकी क्षमता को समझते थे, उन्होंने यह समस्या उसे सौंप दी। मेरी ने इस संबंध में अपने पति से चर्चा की। उसने पियरे से कहा, 'पिचब्लेंडे में निश्चय ही अब तक

क्यूरी दंपती : मारी और पियरे

खोजा न गया कोई नया तत्त्व विद्यमान होना चाहिए।" दोनों ने मिलकर खोज-कार्य शुरू कर दिया।

आर्थिक कठिनाइयां, एक टूटे-फूटे छप्पर में प्रयोगशाला स्थापित करने की कठिनाइयां, ऑस्ट्रिया से पिचब्लेंडे खनिज प्राप्त करने की कठिनाइयां, एक टन पिचब्लेंडे को बार-बार गलाने-छानने आदि की कठिनाइयां, बीच-बीच में बीमारी, इसी बीच सितम्बर 1897 में (ईरेन) का जन्म–क्यूरी-दंपती के जीवन की इन घटनाओं से विज्ञान के प्रायः सभी विद्यार्थी परिचित हैं।

मारी क्यूरी ने सर्वप्रथम उन तमाम खनिजों की जांच शुरू कर दी जो एक्स-किरणों जैसी दीप्ति पैदा करते हैं। उसने यूरेनियम खनिज से पैदा होनेवाली चमक को, इससे उत्सर्जित होनेवाली किरणों की विशेषता को 'रेडियो-एक्टिविटी' अर्थात् विकिरणधर्मिता का नाम दिया।[7] और, जल्दी ही उसने एक नई खोज की–थोरियम की विकिरणधर्मिता की। इससे स्पष्ट हुआ कि, न केवल यूरेनियम, बल्कि थोरियम और इसके खनिज भी विकिरणधर्मी हैं। आज हम जानते हैं कि यूरेनियम की तरह थोरियम भी एक परमाणु-ऊर्जा ईंधन है। थोरियम के भंडार के मामले में भारत दुनिया का एक काफी सम्पन्न देश है।[8]

क्यूरी-दंपती की खोज जारी रही और जुलाई 1898 में उन्होंने एक नई खोज की घोषणा की, एक नए तत्त्व की खोज, जिसे मारी क्यूरी के देश पोलैंड के नाम पर 'पोलोनियम' नाम दिया गया।[9]

एक नया तत्त्व खोज लेने पर भी क्यूरी-दंपती स्वस्थ होकर नहीं बैठे। उन्होंने पता लगाया कि उस पिचब्लेंडे खनिज में और भी शक्तिशाली कोई तत्त्व अवश्य होना चाहिए। अंत में, चार वर्षों के घोर परिश्रम के अनंतर, यह अत्यंत शक्तिशाली विकिरणधर्मी तत्त्व भी उन्होंने खोज निकाला। यह नया तत्त्व था–**रेडियम**।[10]

लंबे अथक परिश्रम का अंत हुआ। मारी क्यूरी ने अपनी इस खोज पर डॉक्टरेट की उपाधि प्राप्त की। पियरे सारबों विश्वविद्यालय में भौतिकी के प्राध्यापक नियुक्त हुए; मेरी पेरिस के समीप के एक नॉर्मल स्कूल में प्राध्यापिका नियुक्त हुई। और अंत में, 1903 में, क्यूरी-दंपती और बेकेरेल को भौतिकी का संयुक्त नोबेल पुरस्कार प्राप्त हुआ। क्यूरी-दंपती की आर्थिक स्थिति ऐसी थी कि वे नोबेल पुरस्कार ग्रहण करने स्टॉकहोम भी नहीं जा सके। पुरस्कार की राशि से उन्होंने अपना पुराना कर्जा उतारा। परंतु उन्होंने रेडियम की अपनी महान खोज को पेटेंट करके करोड़ों कमाने के बारे में एक बार भी नहीं सोचा। मारी के उद्‍गार थे–"हमारी यह खोज समस्त मानवजाति के लिए है।"

फिर एक दिन, 19 अप्रैल, 1906 को, मारी क्यूरी के जीवन में अंधकार छा गया। पियरे पैदल घर लौट रहे थे। एक घोड़ागाड़ी से टकराकर वह सड़क पर गिर गए, दूसरी ओर से आ रहा एक भारी ठेला उनके सिर पर से गुजर गया। पियरे की वहीं पर तत्काल मृत्यु हो गई। समाचार सुनकर मेरी स्तंभित रह गई, लेकिन उसने अपने को संभाला। उसे अपनी दो पुत्रियों का पालन करना था, विज्ञान के क्षेत्र में और भी नया कुछ खोजना था।

मारी ने नोबेल पुरस्कार प्राप्त किया था, पर अब भी कुछ ऐसे नारी-विरोधी लोग थे जो कानाफूसी करते थे कि रेडियम की खोज का असली श्रेय पियरे को है। पियरे की मृत्यु के बाद सारबों विश्वविद्यालय में उनके पद पर मारी की नियुक्ति हुई। चहुंओर तहलका मच गया। सारबों विश्वविद्यालय में पहली बार प्राध्यापक के पद पर एक महिला की नियुक्ति हुई थी। पहले दिन उसका लेक्चर सुनने बड़े-बड़े विद्वान राजपुरुष और

पेरिस के भौतिक विज्ञान संस्थान का टिन शेड जिसे यह गौरव प्राप्त है कि उसमें क्यूरी दंपती ने वर्षों तक प्रयोग किए थे।

वैज्ञानिक हाल में उपस्थित थे। पियरे ने जहां अपने विषय को छोड़ा था, मारी ने वहीं से आगे अपना भाषण आरंभ किया।

रेडियम की खोज तो हुई थी, पर अभी इसे शुद्ध रूप में पृथक् करना संभव नहीं हुआ था। मेरी ने इस दिशा में अपना कार्य जारी रखा और अंत में विशुद्ध रेडियम की एक स्वल्प मात्रा प्राप्त करने में, इस तत्त्व का परमाणु-भार निर्धारित करने में उसे सफलता मिली। उसकी इस खोज के लिए उसे, अकेली को, 1911 का रसायन विज्ञान का नोबेल पुरस्कार मिला। आज तक संसार के किसी भी वैज्ञानिक को विज्ञान का नोबेल पुरस्कार दो बार नहीं मिला है।

मारी क्यूरी ने पेरिस और वारसा में रेडियोधर्मिता के अनुसंधान-केंद्र स्थापित किए। पेरिस के संस्थान की उसकी प्रयोगशाला में, जिसकी वह निदेशक थी, अनेक तरुण वैज्ञानिकों ने खोज-कार्य किया। उसी की देखरेख में उसकी पुत्री ईरेन और दामाद फ्रेदेरीक झॉल्यो क्यूरी ने रेडियोधर्मिता पर खोज-कार्य किया। मारी क्यूरी ने प्राकृतिक रेडियोधर्मिता की खोज की थी; पुत्री और दामाद ने मिलकर 1934 में कृत्रिम रेडियोधर्मिता की खोज की, परमाणु के विखंडन का मार्ग प्रशस्त किया। इस वैज्ञानिक दंपती ने भी 1935 का रसायन विज्ञान का नोबेल पुरस्कार प्राप्त किया।

लेकिन यह दिन देखने के लिए मारी क्यूरी जीवित नहीं थी। रेडियम की जन्मदात्री के रक्त को रेडियोधर्मिता ने विषाक्त बना दिया था। 4 जुलाई, 1934 को संसार की इस महानतम महिला वैज्ञानिक की मृत्यु हो गई।

टिप्पणियां

1. देखिए, J.M. Keynes, 'Newton, the Man' (in The World of Mathematics, vol. I, ed. James R. Newman) और, J.G. Crowther, 'Seven Great Men' (Isaac Newton), London, 1964.

   न्यूटन (1642-1727) के बारे में अल्डौस हक्सले (Aldous Huxley) का कथन है :

   "If we evolved a race of Isaac Newtons, that world not be progress. For the price Newton had to pay for being a supreme intellect was that he was incapable of friendship, love, fatherhood, and many other desirable things. As a man he was a failure; as a monster he was superb."
2. मारी क्यूरी का बचपन का नाम मारिया (या 'मानिया') या मार्या स्क्लोदोवस्का (Maria or Marja Sklodowaska) था। पेरिस पहुंचने पर उसने विश्वविद्यालय में नाम लिखाया–मारी स्क्लोदोवस्का (Marie Sklodowaska), जो विवाह के बाद मारी क्यूरी (Marie Curie) हो गया।
3. पियरे क्यूरी (Pierre Curie : 1859-1906) पेरिस के एक चिकित्सक के पुत्र थे। सारबों विश्वविद्यालय से उन्होंने उपाधि प्राप्त की थी। उस समय वह पेरिस के रसायन व भौतिकी के म्यूनिसिपल स्कूल में प्राध्यापक थे और लोहे के चुंबकीय गुणधर्मों पर खोज-कार्य कर रहे थे। अपने भाई जैकी के साथ मिलकर उन्होंने पिज़ो-विद्युत की खोज की थी। कुछ विशिष्ट प्रकार के मणियों (crystals) पर दबाव डालने पर पिज़ो-विद्युत (piezo-electricity) पैदा होती है। पियरे ने विद्युत की सूक्ष्म धाराओं के मापन के लिए एक उपकरण भी बनाया था।
4. विल्हेल्म कोनराड रोंटगेन (Wilhelm Konrad Roentgen : 1845-1923) का जन्म एक संपन्न व्यापारी परिवार में जर्मनी में हुआ था। एक्स-किरणों (X-rays) की खोज के लिए 1901 में भौतिकी का पहला नोबेल पुरस्कार रोंटगेन को ही प्राप्त हुआ था। उन्होंने अपने आविष्कार को पेटेंट नहीं किया; नोबेल पुरस्कार की राशि भी वीजबर्ग विश्वविद्यालय को दान कर दी। कैंसर से मृत्यु। कैंसर के इलाज में एक्स-किरणों का भी इस्तेमाल होता है!

5. हेनरी पोंकारे या प्वोंकारे (Henri Poincaré : 1854-1912) फ्रांस के महान गणितज्ञ, भौतिकवेत्ता, खगोलविद् और दार्शनिक विचारक। गणित की प्रायः सभी शाखाओं में मौलिक योगदान।

6. आंतोई हेनरी बेकेरेल (Antoine Henri Becquerel : 1852-1908) पेरिस के वैज्ञानिकों के एक प्रसिद्ध परिवार में पैदा हुए थे। उनके दादा और पिता पेरिस के प्राकृतिक इतिहास के संग्रहालय (Muséum d'Histoire Naturelle) में भौतिकी के प्राध्यापक रह चुके थे। पिता की मृत्यु के बाद यह पद उन्हें मिला। 1903 में मारी और पियरे क्यूरी के साथ संयुक्त रूप से भौतिकी का नोबेल पुरस्कार प्राप्त किया।

7. रेडियोधर्मिता या विकिरणधर्मिता (Radioactivity) अस्थायी किस्म के कुछ परमाणु-नाभिकों की अपने आप विघटित होने की क्रिया। इस विघटन में अल्फा या बीटा कणों और/या गामा किरणों का उत्सर्जन होता है। प्राकृतिक रेडियोधर्मिता के प्रवाह पर तापमान, दबाव आदि के रासायनिक परिवर्तनों का या विद्युत अथवा चुंबकीय प्रभावों का कोई प्रभाव नहीं पड़ता। परंतु अधिकांश तत्त्वों के परमाणुओं को कृत्रिम रूप से रेडियोधर्मी बनाया जा सकता है।

8. थोरियम (Thorium, Th; मेघ-गर्जना या वज्रनाद के देवता Thor से) परमाणु नं. 90, एल्यूमिनियम के रूप की काली-भूरी रेडियोधर्मी धातु; मोनाजाइट (monazite) बालू में इसके यौगिक मिलते हैं। केरल के समुद्रतट पर मोनाजाइट प्रचुर मात्रा में उपलब्ध है।

9. पोलोनियम (Polonium, Po; पोलैंड के लिए फ्रांसीसी शब्द है Pologne) अल्फा-कणों का उत्सर्जन करनेवाला रेडियोधर्मी तत्त्व, परमाणु नं. 84.

10. रेडियम (Radium, Ra; लैटिन शब्द radius से, जिसका अर्थ है 'किरण'), प्राकृतिक विकिरणधर्मिता वाला तत्त्व, परमाणु नं. 88; बेरियम से मिलती-जुलती अत्यंत दुर्लभ धातु, जिसके एक सर्वाधिक स्थायी समस्थानिक (isotope) का अर्द्ध जीवनकाल 1620 वर्ष है।

ईरेन-झॉल्यो क्यूरी

[1897-1956 ई.]

मध्ययुग के कीमियागर नकली सोना बनाने के चक्कर में फंसे हुए थे। कीमियागिरी उनके लिए एक कठोर साधना थी। उनकी यह साधना स्त्री के सहयोग के बिना पूरी नहीं होती थी। न केवल यूरोप के देशों के कीमियागर बल्कि हमारे देश के रससिद्ध भी अपनी इस साधना में एक स्त्री-रससाधिका का सहयोग परमावश्यक समझते थे। रसायनविद्या से संबंधित हमारे देश के अनेक ग्रंथ भैरव और भैरवी–शिव और पार्वती–के संवाद के रूप में लिखे गए हैं।[1]

कीमियागरों ने रसायनशास्त्र को विकसित करने में निश्चय ही काफी योग दिया, पर नकली सोना बनाने में उन्हें सफलता नहीं मिली। लेकिन आज सिद्धांततः नकली सोना बनाना संभव है, एक धातु को दूसरी धातु में बदलना संभव है, एक तत्त्व को दूसरे तत्त्व में बदला जा सकता है। और, यह संभव हुआ स्त्री के सहयोग से, पुरुष और स्त्री की सम्मिलित साधना से।

ईरेन झॉल्यो क्यूरी

प्रकृति में कुछ ऐसे तत्त्व हैं जो अपने-आप विघटित होते रहकर अंततोगत्वा दूसरे तत्त्वों में रूपांतरित हो जाते हैं, यह महान खोज की पियरे और मारी क्यूरी ने। और एक तत्त्व को दूसरे तत्त्व में बदलने के तरीके को कृत्रिम रेडियोधर्मिता को

खोज निकाला–ईरेन और उनके पति झॉल्यो-क्यूरी ने। कीमियागरों का कम-से-कम यह विश्वास तो सत्य साबित हुआ ही कि स्त्री के सहयोग के बिना एक धातु को दूसरी धातु में परिवर्तित करना संभव नहीं है।

इंग्लैंड के वैज्ञानिक जोजेफ थॉमसन को नोबेल पुरस्कार मिला है और उनके पुत्र जॉर्ज थॉमसन को भी विज्ञान का नोबेल पुरस्कार मिला है।[2] इसी प्रकार, पियरे और मारी क्यूरी को नोबेल पुरस्कार मिला, मारी क्यूरी को दो बार, और उनकी पुत्री ईरेन और दामाद झॉल्यो क्यूरी को भी संयुक्त रूप से विज्ञान का नोबेल पुरस्कार मिला।

मारी क्यूरी ने विज्ञान के अध्ययन के लिए, अनुसंधान-कार्य के लिए, अनेकानेक कष्ट सहे। ईरेन को वैज्ञानिक अनुसंधान का वातावरण मातृ-पितृ धरोहर के रूप में प्राप्त हुआ। पिचब्लेंडे खनिज में रेडियोधर्मी तत्त्व की खोज का कार्य पियरे और मारी क्यूरी ने शुरू कर दिया था। उसी दौरान सितम्बर 1897 में उनके एक पुत्री हुई–ईरेन। मूल यूनानी नाम 'ईरेनी' का अर्थ है–'शांति'।[3]

पियरे के अनेक वैज्ञानिक मित्र बधाई देने पहुंचे। इनमें थे एक्टिनियम तत्त्व के आविष्कारक देबीएर, अणु-गणक उपकरण के आविष्कारक पेरीं और पेरिस विश्वविद्यालय में रसायन-विज्ञान के प्राध्यापक जॉर्ज उरबां। पुत्री के जन्म से माता-पिता को बड़ी खुशी हुई थी, पर मारी अपनी प्रयोगशाला से भी अधिक दिन दूर नहीं रह सकती थी। सातवें दिन ही वह प्रयोगशाला पहुंच गई। लेकिन उसने अपनी पुत्री की भी उपेक्षा नहीं की। उसका काम अवश्य बढ़ गया, पर उसने अपनी पुत्री का पालन भी उतनी ही लगन से किया जितनी लगन से वैज्ञानिक अनुसंधान-कार्य। यह बात मारी क्यूरी की उन दिनों की डायरियों से भी स्पष्ट होती है। इन डायरियों में जहां अनुसंधान-कार्य का विवरण है, तो वहां बीच-बीच में नन्ही ईरेन के बारे में जानकारी मिलती है। जैसे 17 अक्टूबर, 1898 को उसने लिखा : "ईरेन अब घुटनों के बल नहीं, अच्छी तरह खड़ी होकर चलती है।" 5 जनवरी, 1899 की टिप्पणी है : "ईरेन के अब पंद्रह दांत हैं।" और इन दो टिप्पणियों के बीच एक दिन की टिप्पणी है :

"अनेक बातों पर विचार करने के बाद हम इस निष्कर्ष पर पहुंचते हैं कि इस (पिचब्लेंडे) खनिज में एक विकिरणधर्मी तत्त्व विद्यमान है, जिसे हम **रेडियम** नाम देना चाहते हैं.....।"

मारी के सामने समस्या थी। वह अपने अनुसंधान-कार्य को नहीं छोड़ सकती थी और ईरेन की भी उपेक्षा नहीं कर सकती थी। लेकिन यह समस्या भी सुलझ गई। पियरे की मां गुजर गई तो उनके पिता, जो एक अवकाशप्राप्त चिकित्सक थे, उनके साथ रहने चले आए। ईरेन के दादा ने उसकी देखभाल की। घर की देखभाल के लिए एक परिचारिका भी थी। पर स्वयं मारी ही रात को अपनी बच्ची को सुलाती; वह स्वयं उसके कपड़े धोती, उन्हें प्रेस करती।

अंत में, चार साल के अथक परिश्रम के बाद, मारी और पियरे क्यूरी ने रेडियम तत्त्व की खोज की। इस महान खोज के लिए उन्हें 1903 में भौतिकी का नोबेल पुरस्कार मिला। क्यूरी-परिवार की कीर्ति सारे संसार में फैल गई। संवाददाता उनके पारिवारिक जीवन की छोटी-छोटी घटनाओं को भी प्रकाशित करने लगे। यहां तक कि छह साल की ईरेन और उसकी सहेलियों के बीच होनेवाली बातचीत भी खबरों का विषय बन गई।

फिर, ईरेन जब सात साल की हुई, परिवार में एक और बालिका आई–इव। बाद में बड़ी होकर इव क्यूरी ने अपनी मां की जीवनी लिखी।[4]

रेडियोधर्मिता के आविष्कारक के रूप में सारे संसार में ख्याति, पियरे को सारबों विश्वविद्यालय में और मारी को विज्ञान के एक स्कूल में प्राध्यापिका पद, दो पुत्रियां–हर तरह से एक परिपूर्ण जीवन था क्यूरी-दंपती का। लेकिन अप्रैल 1906 में एक दुर्घटना में पियरे की मृत्यु हो गई। फिर भी मारी ने हिम्मत नहीं हारी। उसने अपनी दोनों बेटियों को संभाला, और खोज-कार्य में भी जुटी रही। और, शुद्ध रेडियम की खोज करके 1911 में पुनः, अकेली ने, रसायन विज्ञान का नोबेल पुरस्कार प्राप्त किया।

प्रथम महायुद्ध के आरंभ के दिन। जर्मन सैनिक पेरिस के समीप पहुंच गए थे। मारी क्यूरी के पास रेडियम की जो स्वल्प मात्रा थी उसे कहीं सुरक्षित रखना जरूरी था। वह दक्षिण फ्रांस के बोर्दीयू स्थान पर उस रेडियम को सुरक्षित छिपाकर पेरिस लौट आई। पेरिस की बमबारी के दिनों में भी मारी और उसकी सत्रह साल की पुत्री ईरेन पेरिस में ही रहीं। इतना ही नहीं, दोनों ने अपाहिजों की सेवा-सुश्रुषा में बड़ा योग दिया। कई व्याधियों के इलाजों मे रेडियम का इस्तेमाल होता है। मारी ने पेरिस के अस्पतालों में मौजूद रेडियम उपचार से संबंधित सभी उपकरणों को एकत्र किया, डेढ़ सौ

लड़कियों का एक सुश्रुषा-दल बनाया, उन्हें आठ सप्ताह तक रेडियम-उपकरणों के इस्तेमाल की शिक्षा दी और अस्पताल-गाड़ियों में समान लदवाकर उन्हें मोर्चे के उपचार-केंद्रों में भेजा।

इन सब कामों में ईरेन ने अपनी मां का हाथ बंटाया। उसने भी पेरिस छोड़कर चले जाने से इनकार कर दिया। ईरेन ने अस्पताल-गाड़ी चलाना सीखा, और महायुद्ध के दौरान, बमबारी के बीच, अपाहिज सैनिकों की सेवा-सुश्रुषा की।

महायुद्ध के दौरान ही पेरिस विश्वविद्यालय में रेडियम संस्थान की स्थापना हुई और मारी क्यूरी को इसका निदेशक नियुक्त किया गया। बाद में पेरिस में क्यूरी संस्थान की भी स्थापना हुई। इन संस्थानों में मारी क्यूरी की देखरेख में अनुसंधान-कार्य करने के लिए बहुत सारे तरुण वैज्ञानिक एकत्र हुए। ईरेन ने अपनी मां की तरह विज्ञान की पढ़ाई की और मां की देखरेख में ही शोधकार्य करने में जुट गई। जब वह सत्ताईस साल की हुई तो उसी संस्थान में शोधकार्य कर रहे एक तरुण वैज्ञानिक फ्रेदेरीक झॉल्यो से उसका विवाह हुआ।

फ्रेदेरीक झॉल्यो का जन्म 1900 ई. में हुआ था अर्थात्, वह ईरेन से तीन साल छोटे थे। वह पॉल लांगेविन जैसे प्रख्यात भौतिकविद् के शिष्य रह चुके थे। अब ईरेन क्यूरी के साथ विवाह हो जाने पर, पियरे और मारी क्यूरी की तरह, दोनों ने मिलकर गवेषणा-कार्य शुरू कर दिया; ईरेन और फ्रेदेरीक विज्ञान की सेवा के लिए एक प्राण हो गए, 'झॉल्यो-क्यूरी' दंपती बन गए।

फ्रेदेरीक झॉल्यो

ईरेन के माता-पिता ने प्राकृतिक रेडियोधर्मिता की खोज की थी, रेडियोधर्मी तत्त्व पोलोनियम और रेडियम की खोज की थी; बाद में मारी क्यूरी ने रेडियम को शुद्ध रूप में भी प्राप्त किया। ईरेन और

उसके पति झॉल्यो ने रेडियोधर्मिता के गुणधर्मों की खोजबीन का कार्य शुरू कर दिया। उन्होंने रेडियम के विकिरण से विभिन्न तत्त्वों के नाभिकों को भेदने का कार्य शुरू कर दिया और भी अनेक वैज्ञानिक इस क्षेत्र में अनुसंधान कर रहे थे।

ईरेन और झॉल्यो की पहली महत्त्वपूर्ण खोज है–परमाणु के नाभिक के भीतर के न्यूट्रॉन कण की खोज के लिए मार्ग प्रशस्त करना। दो जर्मन वैज्ञानिकों ने 1930 में पता लगाया था कि यदि पोलोनियम से निकलनेवाली अल्फा-किरणों से बेरिलियम तत्त्व के परमाणुओं पर प्रहार किया जाए, तो उसमें से अत्यंत शक्तिशाली किरणों का उत्सर्जन होता है। लेकिन वैज्ञानिक इन किरणों (कणों) को समझने में असमर्थ थे। 1932 में ईरेन और फ्रेदेरीक झॉल्यो ने नए प्रयोग करके इन अद्‌भुत किरणों के बारे में नई जानकारी प्रस्तुत की। उन्होंने रेडियम से उत्सर्जित होनेवाली अल्फा-किरणों से बेरिलियम पर प्रहार किया और देखा कि जो शक्तिशाली किरणें बाहर आती हैं वे सीसे के कवच को भी पार कर जाती हैं। फिर उन्होंने इन किरणों के रास्ते में पैराफिन जैसे यौगिकों के ऐसे कवच स्थापित किए जिनमें हाइड्रोजन की मात्रा अधिक होती है। उन्होंने देखा कि बेरिलियम से उत्सर्जित होनेवाली ये शक्तिशाली किरणें पैराफिन में से प्रोटोनों को बाहर निकालती हैं। इतने पर भी बेरिलियम से उत्सर्जित होनेवाली इन किरणों का रहस्य उन्हें स्पष्ट नहीं हुआ।

ईरेन और झॉल्यो के इस प्रयोग के बाद इंग्लैंड के वैज्ञानिक जेम्स चाडविक ने इस दिशा में प्रयोग किए। उन्होंने पता लगाया कि बेरिलियम से उत्सर्जित होनेवाली ये शक्तिशाली किरणें चुंबक से प्रभावित नहीं होतीं; अर्थात्, ये निरावेशी किरणें हैं, वस्तुतः निरावेशी कण हैं। उन्होंने परमाणु के भीतर के इस निरावेशी कण को 'न्यूट्रॉन' नाम दिया। इस परमाणु-कण की खोज के लिए चाडविक को नोबेल पुरस्कार मिला।[5]

ईरेन और फ्रेदेरीक झॉल्यो ने इसी दिशा में अपनी खोजबीन जारी रखी और 1934 में दोनों ने मिलकर एक महान आविष्कार–कृत्रिम रेडियोधर्मिता का आविष्कार–किया। एक दिन वे पोलोनियम स्रोत से एल्यूमिनियम के एक टुकड़े पर प्रहार कर रहे थे तो उन्होंने देखा कि न्यूट्रॉन के अलावा एक नए किस्म के कण–पोजिट्रॉन–भी बाहर आ रहे हैं। लेकिन इससे भी बढ़कर

दिलचस्प बात उन्हें यह नजर आई कि जब अल्फा-कणों के स्रोत को बंद कर दिया गया, यानी एल्यूमिनियम पर प्रहार करना रोक दिया गया, तब भी उसमें इन पोजिट्रॉन कणों का उत्सर्जन जारी रहा। हां, उनकी मात्रा धीरे-धीरे घटती गई; हर ढाई मिनट बाद उत्सर्जित होनेवाले पोजिट्रॉनों की संख्या आधी रह जाती थी।

आगे जाकर उन्होंने पता लगाया इस प्रक्रिया में एल्यूमिनियम का नाभिक अल्फा-कण को ग्रहण करके एक न्यूट्रॉन का उत्सर्जन करता है और यह तत्त्व फॉस्फोरस के एक समस्थानिक (आइसोटोप) में रूपान्तरित हो जाता है। फॉस्फोरस का ऐसा रेडियोधर्मी समस्थानिक प्रकृति में नहीं पाया जाता, इसे केवल कृत्रिम रूप से ही तैयार किया जा सकता है।[6] इस खोज के बाद लगभग सभी तत्त्वों के रेडियोधर्मी समस्थानिक तैयार करना संभव हुआ। ईरेन और फ्रेदेरीक झ़ॉल्यो को कृत्रिम रेडियोधर्मिता की उनकी इस खोज के लिए 1935 का रसायन विज्ञान का नोबेल पुरस्कार मिला, मारी क्यूरी की मृत्यु के एक साल बाद।

ईरेन और फ्रेदेरीक झ़ॉल्यो का खोज-कार्य जारी रहा। दूसरे महायुद्ध के आरंभिक दौर में, 1938-39 में, लगभग एक साथ ही बर्लिन, पेरिस और रोम के वैज्ञानिक-दलों को न्यूट्रॉन-कणों से यूरेनियम के नाभिक को विखंडित करने में सफलता मिल गई। पेरिस में झ़ॉल्यो-क्यूरी-दंपती और उनके सहयोगियों ने इस दिशा में आंशिक सफलता प्राप्त की,[7] पर अंततोगत्वा यूरोप के निर्वासित वैज्ञानिकों के जरिए यह सारा ज्ञान अमरीका पहुंचा, और वहां परमाणु-बम का निर्माण हुआ।

पर झ़ॉल्यो-क्यूरी ने अपना देश नहीं छोड़ा। वह जर्मन-प्रतिरोधक संघटन में शामिल होकर अपने देश के लिए कार्य करते रहे। लेकिन उन्होंने एक महत्त्व का काम किया। उनके पास कुछ भारी पानी जमा था; परमाणु-ऊर्जा के निर्माण में भारी पानी का उपयोग होता है। उन्होंने अपने दो सहयोगी वैज्ञानिकों के साथ अपने पास के इस भारी पानी को 1940 में इंग्लैंड भेज दिया।[8]

झ़ॉल्यो-क्यूरी ने परमाणु-बम के निर्माण में कोई सहयोग नहीं दिया। युद्धारंभ के पहले झ़ॉल्यो-क्यूरी के दल ने परमाणु-बैटरी का आविष्कार करके इसे पेटेंट किया था। बाद में उन्होंने परमाणु-ऊर्जा के शांतिमय

उपयोग के लिए फ्रांस की प्रथम परमाणु-भट्ठी का निर्माण किया और इसे **जोये** (जीवन) नाम दिया। झॉल्यो-क्यूरी ने परमाणु-ऊर्जा संबंधी वैज्ञानिक जानकारी को गुप्त रखना भी स्वीकार नहीं किया। वह परमाणु-ऊर्जा को समस्त मानवजाति के लिए एक वरदान समझते थे। उनके इसी प्रकार के दृष्टिकोण के कारण उन्हें फ्रांस की सरकार ने परमाणु-ऊर्जा के उच्चायुक्त के पद से हटा दिया था। फ्रेदेरीक झॉल्यो-क्यूरी विज्ञानकर्मियों के विश्व-संघ के संस्थापक-अध्यक्ष थे, और कई साल तक वह विश्व शांति परिषद के भी अध्यक्ष रहे।

17 मार्च, 1956 को ईरेन की मृत्यु हुई। इसके दो साल बाद 1958 में फ्रेदेरीक झॉल्यो-क्यूरी का भी देहांत हुआ। आज बड़े पैमाने पर कृत्रिम रेडियोधर्मिता तत्त्वों का उत्पादन होता है, और अनेकानेक व्याधियों के उपचार में इनका इस्तेमाल होता है।

टिप्पणियां

1. देखिए **रसार्णव** (रसतंत्र) ग्रंथ। इस संवादरूप ग्रंथ में पार्वती प्रश्न करती हैं और भैरव उत्तर देते हैं। इसके द्वितीय पटल 'दीक्षाविधान' में रसकर्म के लिए आवश्यक एक रससाधिका या रसबंधकी नारी के लक्षण दिए गए हैं।
2. जोजेफ थॉमसन (Joseph Thomson : 1856-1940) को 'इलेक्ट्रॉन' की खोज के लिए 1906 का भौतिकी का नोबेल पुरस्कार मिला, और उनके पुत्र जॉर्ज थॉमसन को क्वांतम सिद्धांत से संबंधित प्रयोगों के लिए 1937 का भौतिकी का नोबेल पुरस्कार मिला (डेविएलन के साथ)।
3. ईरेन या ईरीनी (Irene), मूल यूनानी शब्द है। eirene (शांति)। ईसा की आठवीं सदी में ईरीनी (Irene) नाम की एक रानी भी हुई है।
4. **Madame Curie** by Eve Curie.
5. जेम्स चाडविक (James Chadwick : जन्म 1891) ने प्रयोगों के जरिए पता लगाया कि अल्फा-किरणों (हीलियम के नाभिकों) से बेरिलियम (berylliam) पर प्रहार करने से जिन उच्च ऊर्जावाली किरणों का उत्सर्जन होता है, वे गामा-किरणें नहीं हो सकतीं। उन्होंने पता लगाया कि ये किरणें नहीं, कण हैं–प्रोटोन के द्रव्यमान के बराबर, पर निरावेशी कण। इन कणों के अस्तित्व की कल्पना रदरफोर्ड जैसे वैज्ञानिकों ने पहले ही की थी। चाडविक ने परमाणु के नाभिक के भीतर के इन कणों को न्यूट्रॉन (neutron) नाम दिया। इस खोज के लिए चाडविक को 1935 में भौतिकी का नोबेल पुरस्कार मिला।

6. चूंकि फॉस्फोरस का ऐसा रेडियोधर्मी समस्थानिक (isotope) कृत्रिम होता है, प्रकृति में कहीं नहीं पाया जाता, इसलिए यह विघटित होता जाता है। इस प्रक्रिया में इस फॉस्फोरस नाभिक में एक प्रोटोन का स्थान एक न्यूट्रॉन ग्रहण करता है, और यह सिलिकन में रूपान्तरित हो जाता है; साथ ही एक पोजिट्रॉन का उत्सर्जन होता है। सूत्र रूप में समूची प्रक्रिया है :

$$_{2}H^{1} + _{13}Al^{27} \rightarrow _{15}P^{30} + _{0}n^{1}$$

$$_{15}P^{30} \rightarrow _{14}Si^{30} + e^{+}$$

इस प्रयोग से नए प्रश्न पैदा हुए–पोजिट्रॉन कहां से आया? प्रोटोन क्यों गायब हुआ? इसका स्थान न्यूट्रॉन ने क्यों लिया?

वैज्ञानिकों ने प्रायः सभी तत्त्वों के परमाणुओं पर ऐसे प्रयोग शुरू कर किए, और सैकड़ों कृत्रिम रेडियोधर्मी समस्थानिक प्राप्त किए।

7. यूरेनियम के विखंडन-कार्य से संबंधित शोध-निबंध ईरेन झॉल्यो-क्यूरी और पी. सेविच (P. Savitch) के नाम से प्रकाशित हुए हैं। अंततः यूरेनियम को विखंडित करने में सफलता प्राप्त करनेवाले जर्मन वैज्ञानिक ओटो हान (Otto Hahn) ने भी स्वीकार किया है कि मारी झॉल्यो-क्यूरी और उनके सहयोगी इस खोज के द्वार तक पहुंच चुके थे।

8. सामान्य पानी के एक अणु में हाइड्रोजन के दो और ऑक्सीजन का परमाणु होता है। भारी पानी (Heavy water) में सामान्य हाइड्रोजन के दो परमाणुओं के बजाय भारी हाइड्रोजन (ड्यूटेरियम deuterium) के दो परमाणु होते हैं। भारी पानी की कुछ खास विशेषताएं हैं। नाभिकीय रिएक्टर (nuclear reactor) में इसका इस्तेमाल होता है; यह न्यूट्रॉन-कणों को संयमी बनाता है और ऊर्जा को भी ग्रहण करता है।

उस समय केवल नॉर्वे में भारी पानी के उत्पादन का एक छोटा कारखाना था। जर्मनों ने इस पर कब्जा कर लिया था। झॉल्यो-क्यूरी ने भी कुछ गैलन भारी पानी जमा कर लिया था। पेरिस छोड़ने से पहले उन्होंने इसे इंग्लैंड भेज दिया।

आज संसार के अनेक देशों में भारी मात्रा में भारी पानी पैदा किया जाता है। हमारे देश में भी भारी पानी के कुछ कारखाने हैं। राणा प्रताप सागर के परमाणु बिजलीघर के रिएक्टरों में भारी पानी का इस्तेमाल होता है।

लिसे माइटनेर

[1878-1968 ई.]

परमाणु-ऊर्जा दो प्रकार की है। हाइड्रोजन के परमाणुओं को आपस में जोड़ने पर, उनका संगलन करने पर, काफी अधिक ऊर्जा पैदा होती है। सूर्य में, तारों में, और हाइड्रोजन-बम के विस्फोट में इसी प्रकार की ऊर्जा पैदा होती है। दूसरे प्रकार की परमाणु-ऊर्जा यूरेनियम और प्लूटोनियम जैसे तत्त्वों के भारी परमाणुओं के नाभिकों को तोड़कर प्राप्त की जाती है। इस प्रकार परमाणुओं का विखंडन होकर प्राप्त होनेवाली ऊर्जा से ही तारापुर और राणा प्रताप सागर में परमाणु-बिजली पैदा की जाती है। परमाणु-बम के विस्फोट में जो ऊर्जा पैदा होती है, वह परमाणुओं के विखंडन की ही ऊर्जा है।[1]

लिसे माइटनेर

यूरेनियम के नाभिक के टुकड़े होते हैं, इसका विखंडन होने पर विशाल मात्रा में ऊर्जा पैदा होती है। इस बात का, सर्वप्रथम 1939 में, रहस्योद्घाटन किया एक महिला वैज्ञानिक ने। वस्तुतः इस प्रक्रिया के लिए 'फिशन' यानी 'विखंडन' शब्द का प्रयोग सर्वप्रथम उसी ने किया। इतना ही नहीं, दूसरे

महायुद्ध के आरंभिक दौर में परमाणु-बम के निर्माण से संबंधित इस बुनियादी जानकारी को अमरीका पहुंचा देने का श्रेय भी उसी महिला वैज्ञानिक को है। इस प्रकार अंततोगत्वा वह परमाणु-बम के निर्माण के लिए कारणीभूत बनी। उस महिला वैज्ञानिक का नाम है लिसे माइटनेर।

यह सच है कि दूसरे महायुद्ध की समाप्ति के बाद, हिरोशिमा और नागासाकी की विनाशलीला के बाद, परमाणु-बम के निर्माण में सहयोग देनेवाले अनेक वैज्ञानिकों को भयंकर क्लेश हुआ था। महायुद्ध की समाप्ति के तुरंत बाद लिसे माइटनेर के उद्‌गार थे : "मैं यह बलपूर्वक कहना चाहती हूं कि मैंने परमाणु के विखंडन के क्षेत्र का अपना खोज-कार्य महाविनाशक परमाणु-अस्त्रों के निर्माण के प्रयोजन से नहीं किया है। युद्ध-विशेषज्ञों ने हमारे आविष्कारों का जैसा उपयोग किया है उसके लिए हम वैज्ञानिकों को आपको दोषी नहीं ठहराना चाहिए।"

परंतु सच्चाई यही है कि महायुद्ध के आरंभिक दिनों में लिसे माइटनेर और उनके जैसे अनेक वैज्ञानिकों की मनःस्थिति काफी भिन्न थी। यूरोप के अनेक बड़े-बड़े वैज्ञानिकों ने अमरीका पहुंचकर स्वेच्छा से और बड़े मनोयोग से परमाणु-बम के निर्माण में सक्रिय सहयोग दिया है। ईरेन और फ्रेदेरीक झॉल्यो क्यूरी जैसे दूरदर्शी वैज्ञानिक बहुत सक्रिय थे जिन्होंने परमाणु-बमों का निर्माण करने से साफ इनकार कर दिया था। दरअसल, परमाणु-ऊर्जा का सर्वप्रथम विनाशलीला के लिए इस्तेमाल हुआ, तो इसका बुनियादी कारण है नाजियों की यहूदी-विरोधी नस्ल-नीति।

लिसे माइटनेर का जन्म 7 नवंबर, 1878 को आस्ट्रिया के विएना नगर में एक संपन्न और सुशिक्षित यहूदी परिवार में हुआ था। पिता वकील थे और उनके सात बच्चों में लिसे एक थी। स्कूल की पढ़ाई के बाद लिसे विएना विश्वविद्यालय में दाखिल हुई। विज्ञान में उसकी गहरी रुचि थी, रेडियम की आविष्कारक मारी क्यूरी का जीवन व कृतित्व उसके लिए एक महान आदर्श था, लुडविग बोल्ट्‌जमान जैसे प्रख्यात भौतिकविद् उसके प्राध्यापक थे।[2] बोल्ट्‌जमान के निर्देशन में कार्य करके 1906 ई. में लिसे माइटनेर ने विएना विश्वविद्यालय से डॉक्टरेट की उपाधि प्राप्त की। उस जमाने में, यूरोप में भी, किसी महिला का डॉक्टरेट उपाधि प्राप्त करना एक असाधारण बात थी।

उन दिनों प्रतिभाशाली विद्यार्थी महान अध्यापकों के सान्निध्य में पहुंचने की कोशिश करते थे। लिसे बर्लिन जाकर महान भौतिकविद् माक्स प्लांक[3] की देखरेख में अनुसंधान-कार्य करना चाहती थी और इसके लिए उसने अपने पिता को भी मना लिया। 1907 में वह बर्लिन पहुंची। उन दिनों बर्लिन विश्वविद्यालय में महिलाओं को पुरुषों के बराबर अनुसंधान की सुविधाएं प्राप्त नहीं थीं। आरंभ में लिसे माइटनेर ने एक तरुण वैज्ञानिक ओटो हान के साथ मिलकर माक्स प्लांक की देखरेख में कुछ तत्त्वों के परमाणुओं की कृत्रिम रेडियोधर्मिता पर अपना अन्वेषण-कार्य आरंभ किया। आरंभ में उसे दूसरों से अलग रहकर विश्वविद्यालय के कैसर विलहेल्म संस्थान की निचली मंजिल के एक कमरे में कार्य करना पड़ा। उसे ऊपरी मंजिलों के दूसरे कमरों में जाने की मनाही थी और पीछे के रास्ते से होकर ही उसे संस्थान में आना-आना पड़ता था।

शोधकार्य में ओटो हान[4] उसके सहयोगी थे। आगे करीब तीन दशकों तक प्रो. हान के साथ मिलकर लिसे माइटनेर ने खोज-कार्य किया। दोनों का जन्म भी एक ही साल हुआ था, और दोनों की मृत्यु भी--89 वर्ष की आयु में–1968 में हुई। लिसे माइटनेर आजन्म अविवाहित रही।

महिला होने के कारण लिसे माइटनेर को बर्लिन में आरंभ में तो कुछ कठिनाइयां हुईं, पर जब उसकी प्रतिभा को पहचाना गया तो उसे सुविधाएं मिलीं, सम्मान भी मिला। कैसर विलहेल्म संस्थान में भौतिकी विभाग को संघटित करने की जिम्मेदारी उसे सौंपी गई। 1913 में उसे संस्थान में रसायन विज्ञान की प्राध्यापिका के रूप में नियुक्त किया गया था। 1917 में वह भौतिकी विभाग की प्रमुख नियुक्त हुई और बाद में प्रो. हान के साथ इसकी सह-निदेशक नियुक्त हुई।

लिसे माइटनेर और ओटो हान का रेडियोधर्मिता संबंधी गवेषणा-कार्य जारी रहा और 1917 में दोनों ने एक नए रेडियोधर्मी तत्त्व प्रोटो-एक्टिनियम[5] की खोज की। तत्त्वों की आवर्त-तालिका में थोरियम और यूरेनियम के बीच का 91 नंबर का यह रेडियोधर्मी तत्त्व शनैः-शनैः विघटित होकर अंततोगत्वा एक्टिनियम तत्त्व में रूपांतरित हो जाता है।

वर्तमान सदी के तीसरे दशक में बर्लिन में लिसे माइटनेर अपने खोज-कार्य में जुटी रही। 1924 में उसे बर्लिन की विज्ञान अकादमी का

लाइबनिट्ज पदक मिला, और अगले वर्ष उसे आस्ट्रिया की विज्ञान अकादमी का लीबेर पुरस्कार प्राप्त हुआ। 1926 में लिसे माइटनेर बर्लिन विश्वविद्यालय में भौतिकी की प्राध्यापिका नियुक्त हुई। उस जमाने में एक महिला वैज्ञानिक के लिए यह एक असाधारण सम्मान था। रूस की गणितज्ञा सोफिया कोवालेवस्काया को उसी बर्लिन विश्वविद्यालय में पढ़ने तक की सुविधा नहीं मिली थी।

वर्तमान सदी के चौथे दशक के आरंभकाल से रेडियोधर्मिता के क्षेत्र में हो रहे अनुसंधान के परिणामस्वरूप अनेक नए आविष्कार हुए। ईरेन और फ्रेदेरीक झॉल्यो-क्यूरी के प्रयोगों को आगे बढ़ाकर इंग्लैंड के वैज्ञानिक जेम्स चाडविक ने 1932 में परमाणु के नाभिक के भीतर के न्यूट्रॉन कण की खोज की। फिर 1934 में झॉल्यो-क्यूरी दंपती ने कृत्रिम रेडियोधर्मिता की खोज की। इसके बाद न्यूट्रॉन कणों से परमाणु के नाभिक को भेदने की दिशा में प्रयोग आरंभ हुए। प्रमुख रूप से यूरोप के तीन विज्ञान-केंद्रों में इस दिशा में अनुसंधान-कार्य हो रहा था—पेरिस के क्यूरी संस्थान में झॉल्यो-क्यूरी दंपती का दल, रोम में एनरिको फर्मी का दल, और बर्लिन में लिसे माइटनेर व ओटो हान का दल। बाद में एक अन्य वैज्ञानिक डॉ. फ्रिट्ज स्ट्रासमान भी बर्लिन के इस दल में शामिल हो गए थे।

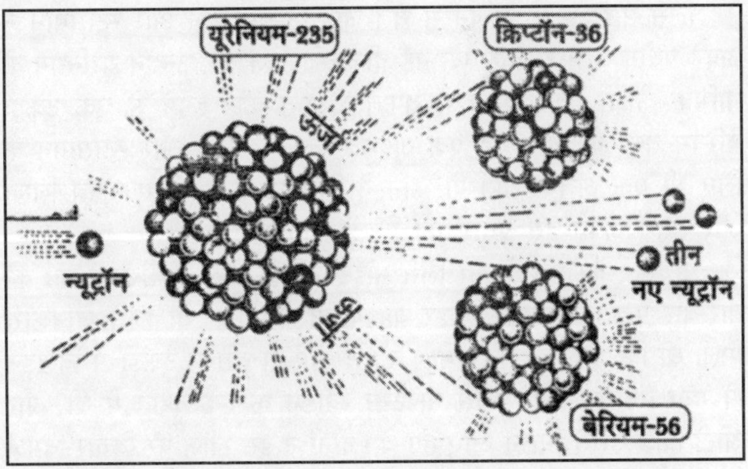

यूरेनियम के नाभिकीय विखंडन से दो नितांत भिन्न तत्त्वों (बेरियम व क्रिप्टॉन) के परमाणु-नाभिकों का निर्माण।

इन तीनों विज्ञान-केंद्रों में परमाणु-ऊर्जा से संबंधित एक अत्यंत महत्त्वपूर्ण खोज लगभग एक साथ ही हुई, 1938 में, जब हिटलर की फौज ने आस्ट्रिया पर कब्जा कर लिया था। यह महान खोज थी—न्यूट्रॉन कणों से यूरेनियम के नाभिक का विखंडन। रोम में एनरिको फर्मी को इस दिशा में सफलता मिली, पर वह अपने प्रयोग के परिणामों को ठीक से समझ नहीं पाए। झॉल्यो-क्यूरी दंपती और उनके सहयोगियों ने भी पता लगाया कि न्यूट्रॉन-कण से यूरेनियम का विखंडन होने पर नए न्यूट्रॉन-कण उत्सर्जित होते हैं। यह एक अत्यंत महत्त्वपूर्ण खोज थी। पर यूरेनियम का विखंडन होकर इसके लगभग दो बराबर टुकड़े होते हैं, इस बात की खोज की बर्लिन के वैज्ञानिक दल ने।

लेकिन इस अत्यंत महत्त्वपूर्ण खोज के पहले ही, यहूदी होने के कारण, लिसे माइटनेर को बर्लिन से पलायन करना पड़ा। मित्रों के सहयोग से लिसे माइटनेर पहले डेनमार्क पहुंची। कोपेनहेगेन में वह अपनी बहन के पुत्र ओटो फ्रिश[6] से मिली। उस समय ओटो फ्रिश महान वैज्ञानिक नील्स बोर[7] की प्रयोगशाला में खोज-कार्य कर रहे थे। लिसे माइटनेर डेनमार्क से स्वीडेन पहुंची। आगे बीस साल तक वह स्वीडेन में रही, वहां उसने नोबेल संस्थान और परमाणु ऊर्जा की प्रयोगशाला में कार्य किया।

लिसे माइटनेर के बर्लिन से चले जाने के बाद हान और स्ट्रासमान ने अपने प्रयोग जारी रखकर एक नई चीज की खोज की, उन्होंने यूरेनियम के नाभिक के दो टुकड़े करने में सफलता प्राप्त की। इनमें से एक टुकड़ा बेरियम तत्त्व का था। यह एक अद्‌भुत बात थी, हान और स्ट्रासमान के लिए भी एक अजूबा था। प्रो. हान ने लिसे माइटनेर को एक पत्र लिखा और उसमें अपने इस प्रयोग की विस्तृत जानकारी दी।

प्रो. हान का पत्र पढ़कर लिसे माइटनेर चकित रह गई, उसने पत्र को बार-बार पढ़ा। जर्मनी के बाहर वह पहली वैज्ञानिक थी जिसे जानकारी मिली थी कि यूरेनियम के परमाणु का लगभग दो बराबर टुकड़ों में विखंडन हो गया है। उस समय लिसे माइटनेर स्वीडेन के एक देहात में थी, और ओटो फ्रिश उससे मिलने आए हुए थे। दोनों ने इस खोज पर विचार-विमर्श किया और उसी समय इस खोज का रहस्य स्पष्ट हो गया। उन्हें स्पष्ट हुआ कि, जब कोई न्यूट्रॉन कण यूरेनियम के नाभिक में प्रवेश करता है तो यह

उसके दो टुकड़े (बेरियम और क्रिप्टन) करता है, और इस प्रक्रिया में बहुत सारी ऊर्जा पैदा होती है और कई नए न्यूट्रॉन कण भी पैदा होते हैं। संक्षेप में, यूरेनियम + न्यूट्रॉन = क्रिप्टन + बेरियम + 3 न्यूट्रॉन + ऊर्जा।

लिसे माइटनेर और ओटो फ्रिश[8] ने यह तय किया कि इस खोज की जानकारी को गुप्त रखना ठीक नहीं है। नील्स बोर उस समय यूरोप के सबसे बड़े परमाणु वैज्ञानिक थे। लिसे माइटनेर और ओटो फ्रिश कोपेनहेगेन पहुंचे और उन्होंने नील्स बोर को इस नई खोज की जानकारी दी। बोर उस समय कुछ लंबे दौर की अमरीका की यात्रा पर जाने की तैयारी में थे। उनकी सलाह से कोपेनहेगेन की उनकी प्रयोगशाला में हान और स्ट्रासमान के प्रयोग को दोहराया गया, लिसे माइटनेर के निष्कर्ष की पुष्टि हुई। इसके बाद लिसे माइटनेर ने इंग्लैंड से प्रकाशित होनेवाली विज्ञान की प्रख्यात पत्रिका 'नेचर' में प्रकाशनार्थ एक पत्र भेजा। उस पत्र में उन्होंने न्यूट्रॉन के प्रहार से यूरेनियम का विखंडन होने की जानकारी दी। सर्वप्रथम इसी समय लिसे माइटनेर ने 'फिशन' यानी विखंडन शब्द का प्रयोग किया।

यूरेनियम के विखंडन की जानकारी लेकर नील्स बोर अमरीका पहुंचे। वहां उन्होंने आइंस्टाइन और अन्य अनेक वैज्ञानिक मित्रों को यूरेनियम का विखंडन किए जाने का समाचार सुनाया। वैज्ञानिक जगत् में खलबली मच गई। कई अमरीकी विश्वविद्यालयों में इस प्रयोग को दोहराया गया। स्पष्ट हो गया कि यूरेनियम का विखंडन होने पर जो ऊर्जा पैदा होती है वह आइंस्टाइन के समीकरण[9] के अनुरूप है।

इसी बुनियादी खोज के आधार पर और अमरीका में जाकर बसे हुए यूरोप के वैज्ञानिकों के सहयोग से आगे जाकर वहां परमाणु-बम का निर्माण हुआ। लिसे माइटनेर की बुनियादी जानकारी के आधार पर भले ही दूसरे महायुद्ध के दौर में अमरीका में परमाणु-बम का निर्माण संभव हुआ हो, पर उसने स्वयं इस कार्य में कोई सक्रिय सहयोग नहीं दिया। हां, उसकी बहन के पुत्र डॉ. ओटो फ्रिश ने अमरीका पहुंचकर परमाणु-बम के निर्माण में सक्रिय सहयोग दिया है। एनरिको फर्मी की पत्नी लौरा फर्मी ने एक पुस्तक में अमरीका में परमाणु-बम के निर्माण-कार्य का रोचक विवरण दिया है।[10] लौरा फर्मी ने जानकारी दी है कि ओटो फ्रिश अच्छे पियानो-वादक थे, पर

वह एक कुशल ड्राइवर नहीं थे। लौरा फर्मी की पुस्तक से ही जानकारी मिलती है कि नील्स बोर के अमरीका पहुंचने के करीब चार साल बाद, 2 दिसंबर, 1942 को एनरिको फर्मी और उनके सहकर्मियों को इतिहास में पहली बार एक परमाणु भट्ठी को, शृंखलाबद्ध नाभिकीय विखंडन-प्रक्रिया को, स्थापित करने में सफलता मिली। इस अत्यंत गोपनीय ऐतिहासिक घटना के प्रत्यक्षदर्शी थे करीब बीस वैज्ञानिक। इनमें सिर्फ एक ही महिला वैज्ञानिक थी–**लिओना वूड**।

लिसे माइटनेर स्वीडेन पहुंचने के बाद वहां की नागरिक बनी, और आगे के बीस वर्षों तक उसने वहां खोज-कार्य किया। उसे अनेकानेक सम्मान और पुरस्कार मिले। ओटो फ्रिज इंग्लैंड के उस दल के सदस्य थे जो परमाणु-बम के निर्माण-कार्य में सहयोग देने अमरीका पहुंचा था। बाद में ओटो फ्रिश इंग्लैंड लौट आए, कैंब्रिज विश्वविद्यालय में भौतिकी के प्राध्यापक रहे। 1958 में लिसे माइटनेर ने जब स्टॉकहोम से अवकाश ग्रहण किया, तो वह अपने भानजे के पास इंग्लैंड चली आई। कैंब्रिज में ही 89 वर्ष की आयु में, 27 अक्टूबर, 1968 को इस अविवाहित वैज्ञानिक महिला का देहांत हुआ।

लिसे माइटनेर के सहकर्मी प्रो. ओटो हान की तरह उसे भी इस बात का बड़ा दुख था कि परमाणु-ऊर्जा की खोज का इस्तेमाल सबसे पहले परमाणु-बम के निर्माण के लिए, विनाशलीला के लिए हुआ। लिसे माइटनेर यूरेनियम के विखंडन की जानकारी नील्स बोर को नहीं देती, यह जानकारी प्रकाशित नहीं करती, तो इतिहास शायद कुछ और ही होता। तब परमाणु-ऊर्जा सबसे पहले एटम-बम की विनाशलीला के रूप में नहीं, बल्कि परमाणु-बिजली के रूप में प्राप्त होती।

टिप्पणियां

1. परमाणु ऊर्जा के लिए अधिक उपयुक्त शब्द है नाभिकीय ऊर्जा (nuclear energy)। विखंडन (fission) की प्रक्रिया में भारी तत्त्वों (यूरेनियम या प्लूटोनियम) के नाभिक एक न्यूट्रॉन (neutron) को ग्रहण करने के बाद उत्तेजित होकर दो टुकड़ों में विभाजित हो जाते हैं, और साथ ही प्रोटोन, इलेक्ट्रॉन व न्यूट्रॉन कणों तथा गामा-किरणों का उत्सर्जन करते हैं।

संगलन (fusion) अथवा ताप नाभिकीय (thermonuclear) प्रक्रिया में हलके तत्त्वों (हाइड्रोजन) के नाभिकों का भारी तत्त्वों (हीलियम) में संयोजन होकर ऊर्जा पैदा होती है।

2. लुडविग बोल्ट्ज़मान (Ludwig Boltzmann : 1844-1906) आस्ट्रियाई भौतिकविद्, क्लासिकीय यांत्रिकी का प्रयोग करके कण-योजनाओं का सिद्धांत प्रस्तुत किया; सांख्यिकीय यांत्रिकी (statistical mechanics) का विकास किया।

3. मैक्स प्लांक (Max Planck : 1858-1947), जर्मन वैज्ञानिक, क्वांतम सिद्धांत (Quantum Theory) के संस्थापक (1900)। प्रतिपादित किया कि ऊर्जा का उत्सर्जन या अवशोषण अति-स्वल्प पुंजों (quanta) में होता है। क्वांतम-ऊर्जा के सूत्र $E = h\nu$ में ν विकिरण की आवृत्ति (frequency) और h प्लैंक का स्थिरांक (Planck's constant) है, जिसका मान है 6.625×10^{-27} erg seconds। मैक्स प्लैंक को 1918 में भौतिकी का नोबेल पुरस्कार मिला।

मैक्स प्लैंक कई वर्षों तक बर्लिन के कैसर विलहेल्म संस्थान के निदेशक रहे। दूसरे महायुद्ध के दौरान वह जर्मनी में ही रहे, लेकिन उन्होंने हिटलर की नीति का समर्थन नहीं किया, हिटलर के प्रति अपनी वफादारी व्यक्त नहीं की। फलतः उनके पुत्र को हिटलर की हत्या के षड्यंत्र में शामिल होने के आरोप पर मृत्युदंड दिया गया।

आज कैसर विलहेल्म संस्थान का नाम 'मैक्स प्लैंक संस्थान' है, और जर्मनी का सर्वश्रेष्ठ वैज्ञानिक सम्मान है–मैक्स प्लांक पदक!

4. ओटो हान (Otto Hahn : 1879-1968) जर्मन वैज्ञानिक। आरंभ में इंग्लैंड में रदरफोर्ड की देखरेख में खोज-कार्य किया। फिर लिसे माइटनेर (Lise Meitner) के साथ कैसर विलहेल्म विज्ञान संस्थान, बर्लिन में। 1944 में रसायन का नोबेल पुरस्कार।

5. प्रोटो-एक्टिनियम (Proto-actinium, Pa) रेडियमधर्मी तत्त्व, नं. 91.

6. ओटो फ्रिश (Otto Frisch, जन्म 1904) विएना में पैदा हुए, जर्मनी में पढ़ाई। फिर नील्स बोर के कोपेनहेगेन के भौतिकी संस्थान में खोज-कार्य। तदनंतर इंग्लैंड में प्राध्यापकी और परमाणु-ऊर्जा संबंधी खोज-कार्य।

7. नील्स बोर (Niels Henrick David Bohr : 1885-1962) डेनमार्क के विख्यात भौतिकविद्। अध्ययन कोपेनहेगेन में। इंग्लैंड में जे.जे. थॉमसन और रदरफोर्ड के निर्देशन में खोज-कार्य। 1920 में कोपेनहेगेन में नवस्थापित सैद्धांतिक भौतिकीय संस्थान के निर्देशक। यहां बोर के निर्देशन में हाइजेनबर्ग, डिराक, माइटनेर, बोर्न, फ्रिश, गेमोव, लेव लांडौ आदि प्रख्यात वैज्ञानिकों ने खोज-कार्य किया।

नील्स बोर ने परमाणु की रचना का एक गणितीय प्रतिरूप प्रस्तुत किया। उन्होंने प्रतिपादित किया कि इलेक्ट्रॉन कुछ निश्चित स्थिर कक्षाओं में नाभिक की परिक्रमा करते हैं, और इस प्रकार प्रत्येक कक्षा एक निश्चित ऊर्जामान की द्योतक होती है।

बोर ने 1922 का भौतिकी का नोबेल पुरस्कार प्राप्त किया।

नील्स बोर ने अमरीका में बने प्रथम परमाणु-बम निर्माण-कार्य में महत्त्वपूर्ण भूमिका अदा की, सक्रिय सहयोग दिया।

8. Meitner and Frisch, Products of the fission of the U nucleus, Nalure 143, 471 (1939)

9. आइंस्टाइन का समीकरण :

   $E = mC^2$, जहां E ऊर्जा है, m द्रव्यमान है, और C^2 प्रकाश के वेग का वर्ग है।

10. एनरिको फर्मी (Enrico Fermi : 1901-1954) की पत्नी लौरा (Laura) यहूदी थी; एनरिको भी अंशतः यहूदी थे। उन्हें 1938 में भौतिकी का नोबेल पुरस्कार मिला। फर्मी स्टॉकहोम से ही अपने परिवार सहित अमरीका पहुंच गए, और वहां परमाणु-बम के निर्माण में महत्त्वपूर्ण योग दिया, 2 दिसंबर, 1942 को संसार की पहली परमाणु भट्ठी को संचालित किया।

    लौरा फर्मी ने Atoms in the Family—My Life with Enrico Fermi पुस्तक में प्रथम अमरीकी परमाणु-बम के निर्माण-कार्य की अत्यंत रोचक जानकारी दी है। पति की मृत्यु के बाद लौरा फर्मी ने 1955 में आयोजित परमाणु-ऊर्जा के शांतिमय उपयोग के अंतर्राष्ट्रीय सम्मेलन में भाग लिया।

सोफी जेरमी

[1776-1831]

महान गणितज्ञ कार्ल फ्रेडरिक गौस (1777-1855 ई.) क्वचित् ही किसी की स्तुति करते थे। अतः जब हम देखते हैं कि गौस ने एक गणितज्ञ की खूब प्रशंसा की, उसके साथ सालों तक पत्र-व्यवहार किया और उसे अपने गॉटिंगेन विश्वविद्यालय से 'डॉक्टर' की उपाधि दिलाने की भी कोशिश की, तो स्पष्ट है कि वह निश्चय ही एक श्रेष्ठ गणितज्ञ रहा होगा।

मगर गौस को लंबे समय तक यह पता नहीं चला कि वह गणितज्ञ वस्तुतः एक महिला है। दोनों एक-दूसरे से कभी नहीं मिले। वह गणितज्ञ-महिला **ले ब्लां**[1] के छद्म नाम से गौस को पत्र लिखती थी। गौस को काफी बाद में जाकर ही पता चला कि 'श्रीमान ले ब्लां' वस्तुतः एक महिला है और उसका असली नाम है—**सोफी जेरमी**।

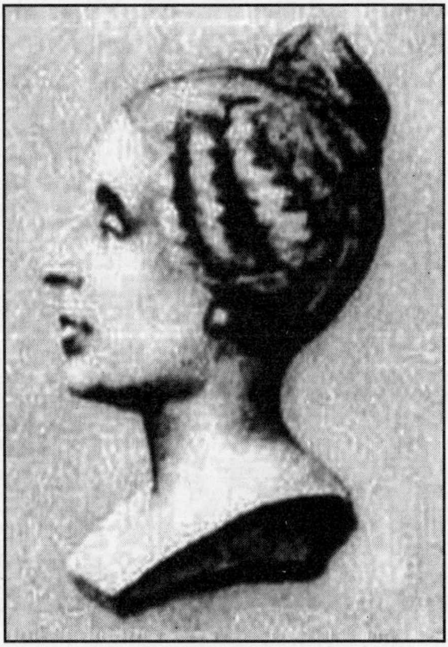

सोफी जेरमी

वह जमाना ही दूसरा था। यदि कोई महिला विज्ञान और गणित के अध्ययन में दिलचस्पी दिखाती तो प्रायः

उसका मखौल उड़ाया जाता था। आमतौर पर यही समझा जाता था कि विज्ञान का अध्ययन महिलाओं के बस की बात नहीं है। इसलिए आरंभ में सोफी जेरमी ने पुरुष के छद्‌म नाम से ही गौस, लेजंद्र और लाग्रांज जैसे समकालीन दिग्गज गणितज्ञों के साथ पत्र-व्यवहार किया था।

सोफी जेरमी एक अत्यंत प्रतिभाशाली महिला-गणितज्ञ थी। उसने ध्वनि-विज्ञान, प्रत्यास्थता (इलेस्टिसिटी) के गणितीय सिद्धांत तथा संख्या-सिद्धांत के क्षेत्रों में महत्त्वपूर्ण खोज-कार्य किया। उसकी गणना आधुनिक गणित-भौतिकी के संस्थापकों में की जाती है।

गणित का अध्ययन जारी रखने में और इस क्षेत्र में सफलताएं प्राप्त करने में सोफी को शुरू से ही अनेक कठिनाइयों का सामना करना पड़ा। सर्वप्रथम, गणित की उसकी पढ़ाई में उसके माता-पिता ही बाधक बने। वे कहते : "एक लड़की के लिए ज्यामिति पढ़ने का क्या लाभ?" मगर सोफी ने अपने ही बल पर गणित का अध्ययन जारी रखा। वह रात-दिन गणित में ही खोई रहती थी। माता-पिता को उसके स्वास्थ्य की चिंता हुई। वे प्रायः उसके कमरे में से रोशनी और आग तापने के साधन हटा लेते थे, ताकि वह रात को बिस्तर से उठकर गणित न पढ़ने लग जाए। यहां तक कि रात को उसके लेट जाने पर उसके कपड़े भी वहां से हटा लिये जाते थे! मगर उसने हिम्मत नहीं छोड़ी। जब सब लोग सो जाते, तब वह उठती और रजाई-कंबल से अपने को लपेटकर अपने प्रिय विषय के अध्ययन में जुट जाती। अंततः उसके माता-पिता ने हार मान ली और उसे गणित के अध्ययन की छूट दे दी। आगे जाकर सोफी ने लाग्रांज (1736-1813 ई.) की देखरेख में गणित का गहन अध्ययन किया।

नेपोलियन के आदेश से फ्रांस की विज्ञान अकादमी ने एक समस्या का हल प्रस्तुत करने के लिए पुरस्कार की घोषणा की थी। समस्या थी : "प्रत्यास्थ (इलेस्टिक) सतहों के कंपन का गणितीय सिद्धांत प्रस्तुत करना और प्रयोगदत्त परिणामों से उसकी तुलना करना।" लाग्रांज ने कहा कि इस समस्या का हल फिलहाल संभव नहीं है, क्योंकि इसके लिए आवश्यक गणित उपलब्ध नहीं है। नतीजा यह रहा कि, सिवाय एक गणितज्ञा के, किसी ने भी इस समस्या को हल करने का प्रयास नहीं किया। वह गणितज्ञा थी–सोफी जेरमी।[2]

यूरोप के वैज्ञानिकों को जब पता चला कि फ्रांस की विज्ञान अकादमी का **ग्रां प्रि** पुरस्कार एक महिला को मिला, तो वे चकित रह गए। यूरोप के अनेक गणितज्ञों ने सोफी को बधाई-संदेश भेजे। उसके बाद देलांबर[3], फूरिए, कोशी, एंपियर आदि दिग्गजों के साथ उसके वैज्ञानिक संबंध स्थापित हुए। सोफी जेरमी का कंपायमान सतहों से संबंधित प्रबंध 1816 ई. में प्रकाशित हुआ, तो यूरोप के एक चोटी के गणितज्ञ के रूप में उसकी गणना होने लगी।

मगर सोफी जेरमी को किसी पुरुष-गणितज्ञ के समकक्ष सम्मान नहीं ही मिला। फ्रांस की विज्ञान अकादमी एक महिला को अपना सदस्य नहीं बना सकती थी। सोफी के सरकारी मृत्यु-प्रमाणपत्र में उसे 'छोटी वार्षिक आयवाली महिला' कहा गया, न कि एक गणितज्ञा। पेरिस में आइफेल टॉवर खड़ा किया गया, तो उसमें प्रयुक्त सामग्री की प्रत्यास्थता (इलेस्टिसिटी) पर विशेष ध्यान दिया गया था। इसलिए इस स्मारक पर 72 इंजीनियर-वैज्ञानिकों के नाम उत्कीर्ण कर दिए गए। मगर सोफी जेरमी के प्रत्यास्थता सिद्धांत का भरपूर उपयोग किए जाने पर भी आइफेल टॉवर की उसी सूची में उसका नाम शामिल नहीं किया गया। गणितज्ञों के जीवन में निश्चय ही कुछ विशेषताएं होती हैं, कुछ ऐसी बातें होती हैं जो अन्य विषयों के विचारकों में प्रायः कम ही देखने को मिलती हैं। जैसे, अधिकांश गणितज्ञ 30-35 साल की उम्र तक अपना प्रमुख खोज-कार्य कर चुके होते हैं। और, जब कोई महिला गणित के क्षेत्र में काम करती है तो वह, न केवल प्रखर प्रतिभा का, बल्कि घोर संघर्ष करने की अपनी अपूर्व क्षमता का भी परिचय देती है। आधुनिक युग की ऐसी ही कुछ प्रतिभाशाली महिलाओं ने प्रमाणित कर दिया है कि गणित केवल एक 'पुरुषोचित' विज्ञान नहीं है।

टिप्पणियां

1. फ्रांसीसी शब्द ब्लां का अर्थ हैसाफ, शुभ्र।
2. फ्रांस की विज्ञान अकादमी के अध्यक्ष महान गणितज्ञ जोसफ-लुई लाग्रांज। उन्हीं के प्रयास से मीट्रिक प्रणाली दशाधारी बनी। लाग्रांज का जन्म 25 जनवरी, 1736 को इटली के तुरीन नगर में हुआ था। इनकी महत्त्वपूर्ण कृति वैश्लेषिक यांत्रिकी 1788 में प्रकाशित हुई।

3. पेरिस के सेंट जां ल रान चर्च के पास एक सिपाही को एक नवजात शिशु पड़ा मिला। यही लावारिस बालक बाद में जां ल रान देलांबर के नाम से प्रसिद्ध हुआ। जल्दी ही पता चल गया कि देलांबर एक जनरल और ऊंचे कुल की महिला का अवैध पुत्र है। 1743 ई. में गतिकी के बारे में एक ग्रंथ प्रकाशित हुआ था। द्रव-गतिकी, अवकलन-गणित, कंपायमान तंतु आदि से संबंधित उनका एक ग्रंथ प्रकाशित हुआ।

गर्टी टेरेसा कोरी

[1896-1957 ई.]

शरीर-क्रिया विज्ञान में नोबेल पुरस्कार प्राप्त करनेवाली महिला थी 'गर्टी टेरेसा कोरी'। सन् 1947 का शरीर-क्रिया विज्ञान अथवा चिकित्सा का नोबेल पुरस्कार दो अनुसंधानों पर दिया गया। उनमें आधा पुरस्कार कोरी दंपत्ति को मिला– यानी प्रो. कार्ल कोरी और उनकी पत्नी गर्टी कोरी को।

गर्टी टेरेसा कोरी का जन्म 15 अगस्त, 1896 को प्राग (उस समय वह आस्ट्रिया का नगर था) में हुआ। गर्टी का जन्मदिन 15 अगस्त और पुरस्कार

डॉ. गर्टी टेरेसा कोरी अपने पति प्रो. कार्ल कोरी के साथ

का वर्ष हमारे देश के लिए बहुत महत्त्वपूर्ण है क्योंकि भारत 15 अगस्त, 1947 को आजाद हुआ था।

दस वर्ष तक गर्टी टेरेसा की पढ़ाई घर पर ही हुई। उसके बाद उसके माता-पिता ने गर्टी को लड़कियों के स्कूल में दाखिल करवा दिया जिससे गर्टी टेरेसा भविष्य में एक अच्छी पत्नी और मां बन सके। बाद में वह बहुत अच्छी पत्नी और मां सिद्ध भी हुई। वह एक श्रेष्ठ महिला थी।

गर्टी टेरेसा बड़ी प्रतिभाशाली थी। आगे टेरेसा ने चिकित्सा विज्ञान की पढ़ाई करने की सोची...हुआ भी ऐसा। उस समय चिकित्सा विज्ञान पढ़ने के लिए भौतिक विज्ञान और रसायन विज्ञान की बुनियादी जानकारी जरूरी थी। इसके लिए गर्टी ने पाँच वर्ष तक गणित और सात-आठ साल तक लैटिन पढ़ा। गर्टी टेरेसा बड़ी परेशान थी। गर्टी जब गर्मियों की छुट्टियों में पहाड़ों पर गई वहां उसे एक अध्यापक मिले। उन्होंने गर्टी की परेशानी के बारे में जाना। उनकी मदद से गर्टी ने छुट्टियों में इतनी लैटिन पढ़ ली जितनी उसे प्रवेश परीक्षा के लिए जरूरी थी। गर्टी ने प्रवेश परीक्षा दी और उसमें वह सफल भी हुई।

गर्टी टेरेसा ने प्राग विश्वविद्यालय के मेडिकल स्कूल में दाखिला लिया। उस समय वह अठारह साल की थी। कंजी आंखों वाली और लाल-भूरे रंग वाली गर्टी बहुत खूबसूरत, परिश्रमी तथा प्रतिभाशाली थी। प्राग विश्वविद्यालय यूरोप का सबसे प्रसिद्ध और पुराना विद्यालय था। उसी वर्ष नीली आंखों वाले, लंबे कद वाले कार्ल कोरी ने भी विद्यालय में दाखिला लिया। कार्ल कोरी और गर्टी टेरेसा दोनों दोस्त बन गए। दोनों एक साथ शोध-कार्य करते। आगे गर्टी की रुचि के अनुसार कार्ल कोरी ने चिकित्सा विज्ञान में अनुसंधान आरंभ किया।

शोध-निबंध छपते तो दोनों के नाम से। कहीं भी जाना होता तो साथ-साथ जाते जिससे उन दोनों में गहरी दोस्ती हो गई। शिक्षा समाप्ति के साथ ही, गर्टी टेरेसा और कार्ल कोरी ने 1920 ई. में विवाह कर लिया।

जब गर्टी और कार्ल कोरी ने विवाह किया, तब आस्ट्रिया की स्थिति बहुत खराब थी। क्योंकि 1918 ई. में प्रथम महायुद्ध समाप्त हुआ था और आस्ट्रिया में रहकर जीव रसायन विज्ञान में अनुसंधान करना उनके लिए संभव नहीं था।

दोनों विएना चले गए जहां कार्ल कोरी ने अनुसंधान किया और गर्टी ने बच्चों के अस्पताल में नौकरी कर ली। जैसा वे चाहते थे वैसा काम विएना में संभव नहीं हुआ। इसलिए कार्ल कोरी अमरीका चले गए। अमरीका में न्यूयॉर्क के एक संस्थान ने कार्ल कोरी को रोगों का अध्ययन करने के लिए नौकरी पर रख लिया। कुछ महीने बाद कोरी ने पत्नी गर्टी को भी बुला लिया।

दोनों ने फिर से साथ-साथ काम करना आरंभ कर दिया। अधिकांश समय वह अनुसंधान कार्य में ही बिताया करते थे।

कोरी दंपती ने चिकित्सा विज्ञान में जो भी प्रशिक्षण पाया था उससे मानव के जीव रसायन पर अनुसंधान की भूमिका तैयार कर ली थी। वफैलो स्थित संस्थान ने उन्हें पूरी स्वतंत्रता दी और हर तरह की सुविधाएं दीं। पहले उन्होंने शरीर की असामान्य बढ़ोतरी पर अनुसंधान किए। इंसुलिन की खोज होने से कोरी दंपती को ऐसा सूत्र मिल गया जिससे वे शरीर की विभिन्न प्रक्रियाओं के बारे में अधिकाधिक जान सकते थे। उन्होंने पशुओं को शर्कराओं की निश्चित मात्रा खिलाई और कुछ को इंसुलिन दी और कुछ को कुछ भी नहीं। ऐसे ही प्रयोग करके उन्होंने शरीर में एक प्रक्रिया का पता लगाया जिसे 'कोरी चक्र' (कोरी साइकिल) कहा जाता है। उन्होंने बताया कि आधी शर्करा ग्लाइकोजन में बदल जाती है। ग्लाइकोजन अन्य पदार्थों में बदल जाता है, कुछ अन्य प्रक्रियाओं के बाद ये पदार्थ फिर से ग्लाइकोजन में बदल जाते हैं। उनकी इस खोज ने मनुष्य के शारीरिक विकास की प्रक्रिया को जानने-समझने में महत्त्वपूर्ण भूमिका निभाई।

1937 ई. में कार्ल कोरी को वाशिंगटन विद्यालय में प्रोफेसर के पद पर नियुक्त किया गया। फिर गर्टी कोरी भी जीव रसायन विज्ञान की सहायक प्रोफेसर बनी। गर्टी अध्यापन से अधिक अनुसंधान के प्रति समर्पित रही। सेंट लुई के अपने निवास के समय कोरी दंपती ने एंजाइम पर विशेष अध्ययन किया। उन्होंने दो एंजाइम भी खोजे–एक कार्बोहाइड्रेड मेटाबोलियन (Carbohydrate Metabolism) और दूसरा रसायन (Chemical Heritage) का विकास।

26 अक्तूबर, 1957 को गर्टी कोरी ने इस संसार को सदा के लिए त्याग दिया।

मारिया ज्योपर्ट-मेयर

[1906-1972 ई.]

दुनिया का सबसे बड़ा सम्मान नोबेल पुरस्कार सन् 1963 में मारिया ज्योपर्ट-मेयर, जे. हैन्स (डेनियल) जेन्सन (जर्मनी) एवं डॉ. ई. पाल बिगनर (प्रिंसटन विश्वविद्यालय संयुक्त राज्य अमरीका) को संयुक्त रूप से प्रदान किया गया। पुरस्कार का आधा भाग मारिया ज्योपर्ट एवं डॉ. डेन्सन को उनके महत्त्वपूर्ण अनुसंधान 'यूक्लीय कोश संरचना' के लिए दिया गया। आधा भाग डॉ. ई.बी. विगनर को दिया गया था।

नोबेल पुरस्कार प्राप्त करनेवाली 5 महिलाओं में से 2 महिलाएं ऐसी हैं जिन्हें भौतिक विज्ञान में नोबेल पुरस्कार प्राप्त हुआ। पहली मारी क्यूरी और दूसरी मारिया ज्योपर्ट- मेयर। भौतिकविद् मारिया ज्योपर्ट विज्ञान के क्षेत्र में नोबेल पुरस्कार से सम्मानित होनेवाली पहली अमरीकी महिला थी।

मारिया ज्योपर्ट-मेयर

मारिया ज्योपर्ट का जन्म 28 जून, 1906 में कैटेविज में हुआ था, जो अब पोलैंड में है। उनके पिता फ्रेडरिक ज्योपर्ट और माता बूल्फ ज्योपर्ट थे। मारिया अपने माता-पिता की इकलौती संतान थी। मारिया के पूर्वज कई पीढ़ियों से जर्मन विश्वविद्यालय में प्रोफेसर

थे। मारिया ने इस विरासत को बड़ी कुशलता, निपुणता और अथक परिश्रम करके आगे बढ़ाया।

मारिया की प्रारंभिक शिक्षा पब्लिक और प्राइवेट स्कूल में हुई। उच्च शिक्षा के लिए मारिया ने 1924 ई. में बर्लिन के ग्यूरिजन विश्वविद्यालय में दाखिला लिया। आरंभ में मारिया का झुकाव गणित की ओर था। बाद में वह महान भौतिकविद् मैक्सबर्न के प्रभाव से भौतिक विज्ञान की ओर आकर्षित हुई। 1930 ई. में मारिया को उनके उल्लेखनीय कार्य के लिए डॉक्टरेट की उपाधि दी गई। जिस समिति ने डॉक्टरेट की उपाधि दी, उनके तीन सदस्य–मैक्सबर्न, एडोल्फ विंडन और जेम्स फैंक थे। ये तीनों ही नोबेल पुरस्कार विजेता और महान वैज्ञानिक थे। शायद इसीलिए मारिया ज्योपर्ट ने भी नोबेल पुरस्कार प्राप्त करने की ठानी हो।

1930 ई. में भौतिक रसायन वैज्ञानिक जोसेफ एडवर्ड मेयर के साथ मारिया का विवाह संपन्न हुआ। विवाह के कुछ समय बाद जोसेफ एडवर्ड की प्राध्यापक के पद पर हापकिन्स विश्वविद्यालय में नियुक्ति हो गई। इसलिए मारिया ज्योपर्ट को भी अमरीका जाना पड़ा। 1933 में उन्होंने अमरीकी नागरिकता भी ग्रहण कर ली।

अमरीका में मारिया ने अपने पति जोसेफ एडवर्ड मेयर और प्रोफेसर एच. हट्र्जफील्ड के साथ मिलकर कई उच्चकोटि के शोध-निबंध प्रकाशित किए और कार्बनिक अणुओं के रंग के बारे में भी कुछ उल्लेखनीय शोध कार्य किए।

1935 ई. में मेयर कोलंबिया विश्वविद्यालय में एसोसिएट प्रोफेसर के पद पर नियुक्त हो गए। इसलिए मारिया भी पति के साथ कोलंबिया आ गई। इसी विश्वविद्यालय में मारिया की नियुक्ति भी प्राध्यापक के पद पर हो गई। यहां मारिया ने एक भौतिकविद् के रूप में नोबेल विजेता हेरॉल्ड उरे[1] के मार्गदर्शन से युद्ध विज्ञान पर शोध-कार्य किया।

1945 ई. में मारिया की नियुक्ति शिकागो विश्वविद्यालय में भौतिकी के प्रोफेसर के पद पर हुई। यहां मारिया को एनरिको फर्मी[2] और एडवर्ड टेलर[3] जैसे भौतिकविदों के साथ काम करने का मौका मिला। मारिया को 'यूक्लीय कोश संरचना' पर काम करने की प्रेरणा भी मिली। 1948 ई. में मारिया ने बताया कि परमाणु न्यूक्लियस प्रोटोन और न्यूट्रॉन के बने होते

हैं और कक्षाओं में व्यवस्थित रहते हैं तथा इलेक्ट्रॉन बाहरी परमाणु पर व्यवस्थित रहते हैं।

इस सिद्धांत से यह पता लगता है कि कुछ न्यूक्लियस दूसरे की अपेक्षा अधिक दृढ़ होते हैं क्योंकि तत्त्वों में आइसोटोप अधिक होते हैं। शुरू में जेन्सन और मारिया के न्यूक्लियस कोश संरचना को मान्यता नहीं मिली लेकिन बाद में इस सिद्धांत को महत्त्वपूर्ण अनुसंधानों में गिना जाने लगा। 1956 ई. में मारिया ज्योपर्ट को राष्ट्रीय विज्ञान अकादमी का सदस्य मनोनीत किया गया। 1960 ई. में मारिया की नियुक्ति कैलीफोर्निया विश्वविद्यालय में भौतिक विज्ञान के प्राध्यापक के रूप में हो गई। यहां पर मारिया ज्योपर्ट को नोबेल पुरस्कार से सम्मानित किया गया। मारिया ने अपने पति के साथ मिलकर सांख्यिकी पर एक पुस्तक लिखी जो स्नातक विद्यार्थियों के लिए बड़ी उपयोगी सिद्ध हुई। वह बागबानी करती थी और कभी-कभी कविता भी लिखती थी। उन्होंने 40 से ऊपर शोध निबंध भी लिखे। 66 वर्ष की आयु में 20 फरवरी, 1972 को उनका देहांत हो गया। उनके दो बच्चे एक लड़का और लड़की हुए। उनका दांपत्य जीवन सुखी रहा।

न्यूक्लियस कोश की संरचना : तत्त्व परमाणुओं से बना होता है। प्रत्येक परमाणु में एक धनावेशित न्यूक्लियस होता है जिसके चारों ओर ऋणावेशी इलेक्ट्रॉन विभिन्न कक्षाओं में चक्कर लगाते रहते हैं। सोडियम के परमाणु में 11 इलेक्ट्रॉन, 11 प्रोटोन एवं 12 न्यूट्रॉन होते हैं। परमाणु में इलेक्ट्रॉनों और प्रोटोनों की संख्या बराबर होती है। इसलिए परमाणु विद्युत रूप से उदासीन होता है। परमाणु की इलेक्ट्रॉन कक्षाओं को हम प्रायः बोर कक्षाएं भी (नील्स बोर) कहते हैं। विभिन्न कक्षाओं में चक्कर लगाते हुए इलेक्ट्रॉनों और न्यूक्लियस के बीच एक आकर्षण बल कार्य करता है जिसे 'कूलम' बल कहते हैं। विभिन्न कक्षाओं में चक्कर लगा रहे इलेक्ट्रॉनों की ऊर्जा भी भिन्न-भिन्न होती है। बाह्यतम कक्षा में चक्कर लगा रहे इलेक्ट्रॉनों की ऊर्जा सबसे कम और नाभिक के समीपतम कक्षा में चक्कर लगा रहे इलेक्ट्रॉनों की ऊर्जा सबसे अधिक होती है।

अब सवाल उठता है कि धनावेशित प्रोटोन और न्यूट्रॉन नाभिक में किस प्रकार आपस में बंधे रहते हैं। धनावेशित प्रोटोनों के बीच प्रतिकर्षण के कारण न्यूक्लियस खत्म क्यों नहीं हो जाता है। वास्तव में प्रोटोनों के

बीच प्रतिकर्षण के कारण न्यूक्लियस समाप्त नहीं होता। नाभिक में प्रोटोन और न्यूट्रॉन एक-दूसरे से नाभिकीय बल द्वारा बंधे रहते हैं। मूल बलों में न्यूक्लीय बल सबसे प्रबल बल होता है। कूलम बल की सामर्थ्य नाभिकीय बल से 1/1000 गुना कम होती है। गुरुत्वीय बल तो न्यूक्लीय बल की तुलना में कई गुणा (10^{-40}) क्षीण होता है।

मारिया और डॉ. जेन्सन ने माना कि नाभिक में न्यूक्लिआनों (प्रोटोन + न्यूट्रॉन को सम्मिलित रूप से न्यूक्लिआन कहते हैं) की ऊर्जा संरचना भी परमाणु के इलेक्ट्रॉन कोश की तरह होती है।

यह देखा गया कि न्यूक्लियस कोश संरचना हलके नाभिकों और मूल (अउत्तेजित) अवस्था में नाभिकों के व्यवहार की विवेचना के लिए पूर्णतः ठीक प्रतीत होती है। जबकि उत्तेजित अवस्था में न्यूक्लिआनों के अभिलक्षणों की उपयुक्त विवेचना इस मॉडल से संभव नहीं है।

आज भी न्यूक्लियस भौतिक विज्ञान के विकास में नाभिक की संरचना के बारे में महत्त्वपूर्ण जानकारी देता है।

टिप्पणियां

1. हेरल्ड उरे (Herold Urey–1893-1981) अमरीकी रसायनज्ञ जिसने 1932 ई. में भारी हाइड्रोजन (हाइड्रोजन का समस्थापिक, जिसके नाभिक में एक प्रोटोन व एक न्यूट्रॉन होता है) की खोज की और भारी पानी (Heavy water जिसके अणु में ड्यूटेरियम के दो परमाणु होते हैं) को पृथक् किया। इस खोज के लिए उन्हें 1934 ई. में रसायन का नोबेल पुरस्कार मिला। भारी पानी का एक उत्तम मंदक है। उरे पहले कोलंबिया विश्वविद्यालय में और तदनंतर शिकागो विश्वविद्यालय में रसायन के प्राध्यापक रहे। दूसरे विश्वयुद्ध के दौरान वे एटम बम के निर्माण के लिए बनी मैनहैटन योजना के सदस्य थे। लेकिन बाद में वे परमाणु शस्त्रों पर पाबंदी लगाने के पक्ष में थे।
2. एनरिको फर्मी (Enrico Fermi–1901-1954) रोम में जन्मे इतालवी भौतिकवेत्ता आरंभिक अध्ययन पीसा के प्रसिद्ध स्कूल व विश्वविद्यालय में, जहां से उन्होंने 1924 ई. में पी-एच.डी. की उपाधि हासिल की। तदनंतर गर्टिंगेन (जर्मनी) और लाइडेन (नीदरलैंड, हॉलैंड) में उच्च अध्ययन। इटली लौटने पर एनरिको फर्मी रोम विश्वविद्यालय में सैद्धांतिक भौतिकी के प्राध्यापक नियुक्त हुए (1926-1938 ई.)। सन् 1928 में उन्होंने विज्ञान की एक यहूदी छात्रा लौरा से विवाह किया। फर्मी ने जेम्स चाडविक द्वारा 1932 ई. में खोजे गए न्यूट्रॉन कण का उपयोग करते हुए अनेक तत्त्वों पर

प्रहार किया और प्राप्त कृत्रिम रेडियोधर्मी समस्थानिकों के गुणधर्मों का अध्ययन आरंभ कर दिया। सन् 1938 में 66 नए रेडियोधर्मी तत्त्वों के अस्तित्व के प्रदर्शन और धीमी गति वाले न्यूट्रॉनों से जनित नाभिकीय प्रक्रिया की खोज के लिए फर्मी को भौतिकी का नोबेल पुरस्कार दिया गया। फर्मी और उनके साथियों ने यूरेनियम पर धीमे न्यूट्रॉनों से भी प्रहार किया था, तत्त्व वे नाभिकीय विखंडन की प्रक्रिया को नहीं समझ पाए थे।

इटली में फासीवाद का तांडव शुरू हो गया था। फर्मी दिसंबर 1938 में नोबेल पुरस्कार ग्रहण करने स्वीडेन गए, तो अपने साथ पत्नी और बच्चों को भी ले गए थे। वे उधर से ही न्यूयॉर्क पहुंच गए, जहां कोलंबिया विश्वविद्यालय में भौतिकी के प्राध्यापक पद पर नियुक्त हुए। वह शीघ्र ही नाभिकीय प्रक्रिया की खोजबीन में जुट गए। दिसंबर, 1942 में फर्मी संसार का पहला परमाणु 'पाइल' (Atomic Reactor) बनाने में सफल हुए। फर्मी ने एटम बम के निर्माण में सक्रिय सहयोग दिया। 16 जुलाई, 1945 को आलमोगोर्दो (न्यू मेक्सिको) में किए गए एटम बम के प्रथम परीक्षण के वक्त फर्मी वहां मौजूद थे। विश्वयुद्ध के बाद, उदर कैंसर से 1954 ई. में फर्मी की मृत्यु हो गई। फर्मी ने सैद्धांतिक भौतिकी के क्षेत्र में भी महत्त्वपूर्ण शोध कार्य किया है, जैसे—उनका बीटाक्षय का सिद्धांत, जिसके आधार पर प्रकृति में एक नए बल क्षीण नाभिकीय बल की खोज हुई। फर्मी की स्मृति में तत्त्व नंबर 100 को 'फर्मीयूम' नाम दिया गया है। फर्मी ने क्वांटम सांख्यिकी के क्षेत्र में भी काम किया है। शिकागो के नजदीक की प्रसिद्ध प्रयोगशाला को 'फर्मीलैब' कहा जाता है। एनरिको फर्मी को गैलीलियो (1564-1642 ई.) के बाद का सबसे पहला इतालवी वैज्ञानिक माना जाता है।

3. एडवर्ड टेलेर (Edward Teller : 1908-2003 ई.) : बुडापेस्ट (हंगरी) में जन्मे और अमरीका में पहुंचे भौतिकवेत्ता। बुडापेस्ट और जर्मन विश्वविद्यालयों में अध्ययन।

सन् 1933 में हिटलर के सत्तासीन होने पर टेलेर पहले इंग्लैंड और फिर अमरीका चले गए, जहां जॉर्ज वाशिंग्टन विश्वविद्यालय में वे भौतिकी के प्राध्यापक बने। दूसरे विश्वयुद्ध के दौरान टेलेर ने लॉस आलमॉस (न्यू मेक्सिको) में एटम बम के विकास में योग दिया। बाद में एडवर्ड टेलेर ने अमरीमा में हाइड्रोजन बम के निर्माण में भी प्रमुख भूमिका अदा की; उन्हें प्रायः 'हाइड्रोजन बम का पिता' कहा जाता है। जब अमरीकी शासन द्वारा रॉबर्ट ओप्पेनहाइमेर को 'सुरक्षा के लिए खतरा' समझा गया, तो टेलेर ने उनके खिलाफ गवाही दी थी, जिससे उनके कई पुराने वैज्ञानिक साथी व मित्र उनसे बेहद नाराज थे। टेलेर अमरीका की 'स्टार वार्स' (star wars) योजना के भी प्रबल समर्थक थे।

प्रो. डोरोथी क्रोफुट होजकिन

[1910-1994]

प्रो. डोरोथी क्रोफुट होजकिन ने ऑक्सफोर्ड यूनिवर्सिटी से एक्स-किरण रूपी जासूस (एक्स-रे डिफ्रेक्शन फोटोग्राफी की) विटामिन बी^{12} की संरचना की थी। विटामिन बी^{12} का सबसे महत्त्वपूर्ण गुण है सांघातिक अरक्तता (पर्नीशियम एनीमिया) का उपचार। इसकी कमी से सांघातिक रक्त आना दूर हो जाता है, इसलिए लोग इसे प्रति सांघातिक अरक्तता तत्त्व के नाम से पुकारते हैं।

प्रो. डारोथी क्रोफुट होजकिन

1964 ई. में डॉ. डोरोथी क्रोफुट होजकिन को विटामिन बी^{12} की संरचना की खोज पर रसायन विज्ञान का विश्व का सर्वोच्च सम्मान नोबेल पुरस्कार मिला था। इससे पहले 1957 ई. में उन्हें U.S.S.R. की रॉयल सोसायटी ने स्वर्ण पदक से सम्मानित किया था। महारानी एलिजाबेथ ने आर्डर ऑफ मेरिट से 1965 ई. में सम्मानित किया।

प्रो. डोरोथी होजकिन विटामिन बी[12] की संरचना पर 1948 से 1956 तक लगातार काम करती रही। विटामिन बी[12] का रासायनिक नाम है—सायनोकोबाअमिन तथा आणविक सूत्र $C_{63} H_{90} O_{14} N_{14} PCO$, इसके मध्य में स्थित कोबाल्ट का परमाणु इसकी विलक्षणता का प्रमाण देता है और इसका आणविक भार 1356 है। जैवरसायनों में यह पहला यौगिक है जिसमें कोबाल्ट पाया जाता है। इन अम्लों के मध्य में कोबाल्ट तो था किंतु विटामिन का न्यूक्लिओटाइड अंश नहीं था। इन्हीं पेंटा तथा हेक्साकिरण कार्बोरिक्सलिक अम्लों के एक्स विवर्तन चित्रों तथा इलेक्ट्रॉन घनत्व परिकलन की मदद से डोरोथी होजकिन ने विटामिन बी[12] की खोज की थी।[1]

डोरोथी का जन्म 12 मई, 1910 में मिस्र की राजधानी काहिरा में हुआ था। डोरोथी के पिता काहिरा में उच्च शिक्षा-अधिकारी थे। डोरोथी होजकिन की बेसिक पढ़ाई ब्रिटेन के जान लेमान स्कूल में हुई। पिता क्रोफुट अंतर्राष्ट्रीय ख्याति के पुरातत्त्वशास्त्री थे और माता वनस्पति विज्ञानी।

डोरोथी को बचपन से ही रसायन विज्ञान में रुचि थी। डोरोथी की पढ़ाई के लिए उसके पिता को विशेष अनुमति लेनी पड़ी क्योंकि उस समय यह विषय लड़कियों को नहीं पढ़ाया जाता था। उन्होंने दस वर्ष की आयु में पहली बार क्रिस्टल देखा था और उसी समय से क्रिस्टल के अंदर क्या है? जानने की प्रबल इच्छा थी। इसीलिए डोरोथी ने स्कूली जीवन में ही इल्मेनाइट खनिज के क्रिस्टल का विश्लेषण करने में सफलता प्राप्त की थी। आगे उन्होंने रसायन और जीव-रसायन की पढ़ाई करने की ठानी। स्कूली पढ़ाई समाप्त करने पर डोरोथी अपने पिता के पास सूडान चली गई। सूडान में उनके पिता जेरारव के उत्खनन का काम करते थे। उत्खनन में डोरा (जो उसका बचपन का नाम था) को बहुत आनंद आने लगा और डोरा ने पुरातत्त्व विज्ञान का अध्ययन करने की ठान ली। लेकिन वह शीघ्र ही इंग्लैंड वापस आ गई।

वहां उन्होंने ऑक्सफोर्ड के समरव्हिले कॉलेज में रसायन विज्ञान और पुरातत्त्व विज्ञान में दाखिला ले लिया। लेकिन उसके रसायन

विज्ञान के शिक्षक एफ.एम. बयूर, उसकी प्रतिभा से अत्यंत प्रभावित हुए।[2] एफ.एम. बयूर के कहने पर डोरोथी ने एक्स-रे क्रिस्टलोग्राफी के विशेष कोर्स में दाखिला ले लिया। वह डॉ. एच.एम. पावेल की प्रथम शोध-छात्रा थी और उसका विषय था थैलियम डायआल्किल हैलाइड। लेकिन वह उसी वर्ष ऑक्सफोर्ड से कैंब्रिज विश्वविद्यालय आ गई।

कैंब्रिज में उन्हें सुप्रसिद्ध एक्स-किरण क्रिस्टलवेत्ता डॉ. जे.डी. बर्नाल के साथ काम करने का मौका मिला।[3] डोरोथी ने ऑक्सफोर्ड में बर्नाल का भाषण सुना जिसमें धातुओं के गुणों का वर्णन किया था।

डोरोथी धातुओं पर अनुसंधान करना चाहती थी। बाद में डोरोथी ने बर्नाल के साथ स्टिराल पर अनुसंधान किया। दस वर्षीय डोरा के मन में क्रिस्टल के प्रति जो जिज्ञासा हुई थी वही जिज्ञासा 1932 में पूरी हुई। डोरोथी ने फिर बर्नाल के साथ स्टिरॉल पर शोध कार्य किया। कैंब्रिज में बिताए दो वर्ष–1932 से 1934–डोरोथी के लिए बड़े स्मरणीय रहे। इस बीच उसके बहुत-से मित्र बने और उसका समय बड़ी प्रसन्नता से बीता। उसे बर्नाल के साथ शोध-कार्य करने में बहुत आनंद आता था। इसके लिए डोरोथी को 75 पौंड की छात्रवृत्ति कॉलेज की ओर से मिलती थी।

1934 ई. में डोरोथी ऑक्सफोर्ड वापस लौट आई। डोरोथी ऑक्सफोर्ड में आफिशियल फैलोशिप के अन्तर्गत और बाद में पूर्ण शिक्षक के रूप में समरव्हिले महिला महाविद्यालय में रसायन विज्ञान पढ़ाती थी।

1946 ई. में यूनिवर्सिटी में लेक्चरर रही और 1956 ई. में एक्स-रे क्रिस्टलोग्राफी की रीडर। 1960 ई. में रॉयल सोसाइटी की वुल्फसन रिसर्च प्रोफेसर बनी।

डोरोथी क्रोफुट ने प्रसिद्ध इतिहासकार थॉमस होजकिन से 1937 ई. में विवाह कर लिया। प्रो. होजकिन अफ्रीका तथा अरब राष्ट्रों के इतिहास तथा राजनीति विज्ञान के जाने-माने विद्वान थे। जब थॉमस

होजकिन इंस्टीट्यूट ऑफ अफ्रीकन स्टडीज के निदेशक बनकर घाना गए तब डोरोथी भी उनकी सहधर्मिणी बनकर उनके साथ चली गई। वहां उन्होंने घाना विश्वविद्यालय में कुछ वर्ष अनुसंधान भी किया।

उनका दांपत्य जीवन बड़ा सुखमय रहा। उनके दो पुत्र और एक पुत्री हुई। पुत्री ने इतिहास विषय लिया और पुत्रों ने विज्ञान। वह बच्चों को बहुत प्यार करती थी। डोरोथी अत्यंत शालीन महिला थी।

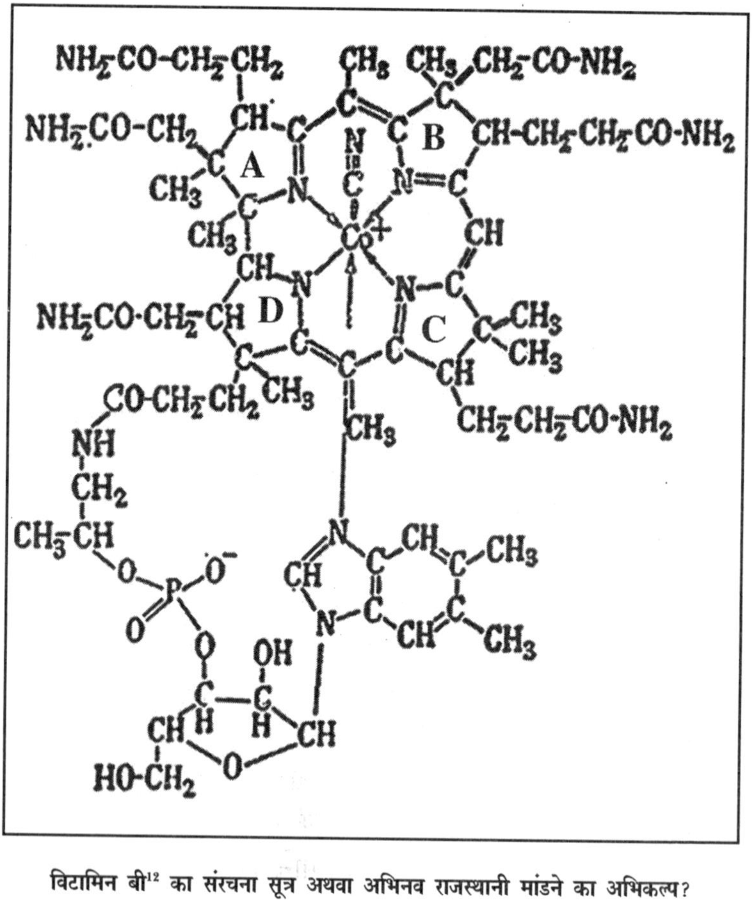

विटामिन बी[12] का संरचना सूत्र अथवा अभिनव राजस्थानी मांडने का अभिकल्प?

डोरोथी ने स्टिरल्स, इंसुलिन, पेनिसिलिन की संरचना और विटामिन बी^{12} की खोज की। त्रिवर्ती संरचना से इंसुलिन के साइड इफेक्ट्स को मिटाने में और इंसुलिन के प्रति अत्यंत संवेदनशील मधुमेह ग्रस्त लोगों को सहायता मिली। नेचर (लंदन) पत्रिका में उनके शोध-निबंध छपते रहे। प्रो. डोरोथी क्रोफुट होजकिन कई बार भारत आई।

उनका छोटा बेटा टोबी इंवरगौरी हार्टीकल्चरल रिसर्च स्टेशन, दंडी में प्रोबेशनरी अफसर है।

प्रो. डोरोथी होजकिन परमाणु युद्ध की विरोधी और शांति-प्रेमी थी। वह परमाणु हथियारों के खिलाफ थी। 29 जुलाई, 1994 में उनका देहांत हो गया और वह सदा के लिए सो गई।

विटामिन बी^{12} में कोबाल्ट परमाणु के इर्द-गिर्द कोरिनायड (पोरफायरिंस से मिलता-जुलता) 'धरातल' होता है। सायनो ग्रुप कोबाल्ट से जुड़ा होता है तथा वह लूप जो प्रोपिल एमीन और न्यूक्लिओटाइड से मिलकर बनता है, न्यूक्लिओटाइड को प्रत्यक्षतः कोबाल्ट से ही जोड़

> विटामिन बी^{12} लाल रंग का एक क्रिस्टलीय पदार्थ है। रसायनविज्ञानी इसे साइनोकोबाल एमिन कहते हैं। संरचना के अनुसार यह अल्फा : (5-6 डाइमिथिल बेंजीमिडाजोलिल) कोबाएमाइड सायनाइड है। यह प्रत्येक जन्तु-उत्पाद और कुछ समुद्री खाद्यों में तथा रुमेन और एलगी सदृश किण्वित पदार्थों में मौजूद होता है। मानव शरीर में यह यकृत में सक्रिय कोएंजाइम के रूप में उपस्थित होता है।
>
> विटामिन बी^{12} से संबद्ध तत्त्वों में से साइनोकोबाल एमिन (बी^{12} ए), हाइड्रोक्सोकोबाल एमिन (बी^{12} बी) और नाइट्रोसोकोबाल एमिन (बी^{12} सी) पर ही अधिक ध्यान दिया गया है। ये तीनों ही सांघातिक अरक्तता के उपचार के लिये उपयुक्त पाए गए हैं। परन्तु चिकित्सक साइनोकोबाल एमिन को अधिक पंसद करते हैं क्योंकि यह अधिक स्थायी होता है, ऊतकों के भंडार को अधिक तेजी से भरता है तथा सस्ता होता है।

विटामिन बी^{12} का उपयोग

देता है, यह सब डोरोथी हाजकिन ने एक्स किरणों के विश्लेषण द्वारा निर्विवाद सिद्ध कर दिया है। यही नहीं, कोरिनायड के समतल के एक ओर सायनो ग्रुप है तो दूसरी ओर बेंजइमिनेजोल (न्यूक्लिओटाइड का बेस) यह भी बखूबी दिखा दिया। न्यूक्लिओटाइड में रिवोसाइड का 'अल्फा' विन्यास (एक असाधारण बात) का होना भी डोरोथी ने सिद्ध कर दिया। कोरिनायड ग्रुप में लगे युग्म बंध (डबल बांड्स) की सही संख्या तथा विटामिन बी¹² की अनुनादी (रेजोनेटिंग) संरचना पर भी उन्होंने प्रकाश डाला।

चिकित्सक इसे पोषण की कमी से उत्पन्न वृहत्‌लोहित कोशिका अरक्तता (मैक्रोसाइटिक एनीमिया), महालोहित प्रसूति अरक्तता (मेग्लोब्लास्टिक एनीमिया), त्रिधारा तंत्रिकार्ति (ट्राइजेनियल, न्यूरॉलजिआ) स्प्रू आदि के उपचार में प्रयुक्त करते हैं। इसे मुख से लिया जा सकता है अथवा अंतःपेशीय (इंटरमस्कुलर) इंजेक्शन के रूप में। मौखिक

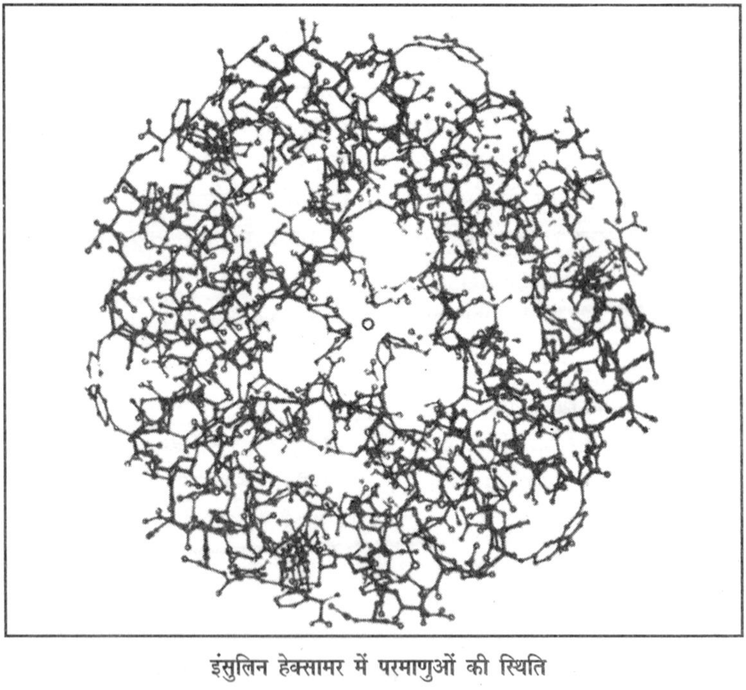

इंसुलिन हेक्सामर में परमाणुओं की स्थिति

खुराक में सांद्र अंतस्थ तत्त्व (इंट्रिंनसक फैक्टर कांसेंट्रेट) होता है। इसकी खुराक इसके रूप, अरक्तता की गंभीरता, तांत्रिक विक्षति के दाब तथा रोगी की उपचार के प्रति संवेदनशीलता पर निर्भर करती है। स्वस्थ साधारण मनुष्य के लिये इसकी आवश्यक दैनिक मात्रा के बारे में चिकित्सक एकमत नहीं हैं परंतु आमतौर पर 1.5 म्यूग्राम के अधिक नहीं होती।

बड़े पैमाने पर बी^{12} 1. यकृत निसार, 2. सक्रिय सीवेज कीचड़ अथवा 3. एंटीबायोटिक कारखानों के व्यर्थ किण्व (विशेषतः स्ट्रेप्टोमाइसिन वेस्ट) द्रवों (फरमेंट लिंकर्स) से बनाया जा सकता है। पर आजकल विटामिन बी^{12} बनाने के लिये व्यर्थ किण्व द्रवों का उपयोग अधिक किया जाता है।

उनके कुछ महत्त्वपूर्ण अनुसंधानों का उल्लेख कर सकते हैं। आरंभ में उन्होंने स्टिराल्स पर काम किया। फिर इन्सुलिन पर। फिर पेनिसिलिन की संरचना में जुट गईं। विटामिन बी^{12} की खोज के बाद पुनः इंसुलिन पर काम किया। इन खोजों का हमारे लिए बहुत महत्त्व है।

टिप्पणियां

1. काहिरा मिस्र की राजधानी है और यह एक प्राचीन नगर है। यह नील नदी के तट पर बसा हुआ है। काहिरा में देखने के बहुत-से स्थान हैं। नील नदी के पश्चिमी तट से कुछ हटकर गीजा में बने तीन विशाल पिरामिड हैं जो पांच हजार साल पुराने हैं और दुनिया के सात महान आश्चर्यों में माने जाते हैं। ये राजकुल के फराऊन सम्राट चौप्स के पुत्र चेफरन और तीसरा पिरामिड चेफरन के पुत्र मिसरीनस का है। काहिरा में अनेक अजायबघर हैं। सबसे प्रसिद्ध और प्रमुख प्राचीन मिस्र का अजायबघर। इसमें फराऊन राजकुल के जमाने की सामग्री तरतीब से रखी है। ध्यान से देखने से सारा प्राचीन इतिहास सामने आ जाता है, फराऊन काल के मंदिरों की मूर्तियां, ममी, चित्र, शिलापट्ट और पेपिरस पत्रों पर लिखावट आदि सुरक्षित है। फराऊन सम्राटों के बेशकीमती आभूषण तथा शव (ममी) भी ताबूतों सहित रखे गए हैं।
2. एफ.एम. बूयर।

3. डॉ. जे.डी. बर्नाल का जन्म इंग्लैंड में 1901 ई. में हुआ था। ब्रिटेन की राजधानी लंदन के स्टोनीहर्स्ट नामक कॉलेज से एम.एस.सी. की। 1923 ई. में कम्युनिस्ट पार्टी के मेंबर बने। वे प्रसिद्ध दार्शनिक हाल्देन से प्रभावित थे।
बर्नाल का मुख्य विषय जीव विज्ञान था लेकिन मूल रूप से भौतिकी के प्रोफेसर थे। कैंब्रिज में डोरोथी ने प्रोफेसर बर्नाल के साथ स्टिरॉल पर शोध-कार्य किया। 1932 ई. से 1934 ई. के दो वर्ष डोरोथी के लिए बड़े स्मरणीय रहे। जे.डी. बर्नाल ने मार्क्सवाद और विज्ञान पर किताबें लिखीं। उनको अंतर्राष्ट्रीय शांति सम्मान भी मिला। उनका देहांत 1971 में हुआ।

❑❑❑